Logisch!

AF239473

Deutsch für Jugendliche

Kursbuch A1.2

von
Stefanie Dengler
Cordula Schurig
Ute Koithan
Theo Scherling
Anna Hila
Michael Koenig

Ernst Klett Sprachen

Stuttgart

Von
Stephanie Dengler, Cordula Schurig, Ute Koithan, Theo Scherling, Anna Hila und Michael Koenig
in Zusammenarbeit mit Daniela Becht und Sarah Fleer
Trainingskapitel von Katja Behrens und Stefanie Dengler

Redaktion:
Cordula Schurig und Angela Kilimann

Koordination:
Sabine Wenkums

Gestaltungskonzept und Layout:
Andrea Pfeifer

Umschlaggestaltung:
Andrea Pfeifer; Cover-Foto: ehrenberg-bilder – Fotolia.com

Zeichnungen:
Anette Kannenberg und Daniela Kohl

Satz und Litho:
Britta Petermeyer, SNOW, München

Verlag und Autoren danken Ulrike Mühling, Boris Dornstädter, Silvana Weber und ihren Schülerinnen und Schülern vom Max-Planck-Gymnasium München Pasing für ihr Engagement und ihre Mitwirkung bei den Fotoaufnahmen.

Logisch! neu – A1 – Materialien	
Kursbuch A1 mit Audios zum Download	605201
Arbeitsbuch A1 mit Audios zum Download	605202
Lehrerhandbuch A1 mit Video-DVD	605207
Intensivtrainer A1	605208
Testheft A1 mit Audio-CD	605209
Digitale Unterrichtssoftware A1	NP00860521001

Logisch! neu – A1 in Teilbänden	
Kursbuch A1.1 mit Audios zum Download	605203
Arbeitsbuch A1.1 mit Audios zum Download	605204
Kursbuch A1.2 mit Audios zum Download	605205
Arbeitsbuch A1.2 mit Audios zum Download	605206

In einigen Ländern ist es nicht erlaubt, in das Kursbuch hineinzuschreiben.
Wir weisen darauf hin, dass die in den Arbeitsanweisungen formulierten Schreibaufforderungen immer auch im separaten Schulheft erledigt werden können.

Audios zum Kursbuch:
Aufnahme und Schnitt: Heinz Graf / Christoph Tampe
Regie: Heinz Graf und Angela Kilimann / Sabine Wenkums
Produktion: Tonstudio Graf, 82178 Puchheim / Plan 1, München
Sprecherinnen und Sprecher: Ulrike Arnold, Vincent Buccarello, Marco Diewald, Sarah Diewald, Clara Gerlach, Emily Gill, Jakob Gutbrod, Jana Kilimann, Maxim Kursakov, Barbara Kretzschmar, Crock Krumbiegel, Detlef Kügow-Klenz, Sebastian Mann, Lars Mannich, Charlotte Mörtl, Sebastian Müller, Maren Rainer, Lorena Rauter, Jakob Riedl, Leon Romano-Brandt, Pia Schröder, Leyla Sperling, Peter Veit, Florian Vogt, Julia Wall, Sabine Wenkums

Audio-Dateien zum Download unter www.klett-sprachen.de/logisch-neu/audiosA1
Audios Kursbuch A1, Kapitel 9 – 16: Code: logNeu1n&C5

Besuchen Sie uns auch im Internet:
www.klett-sprachen.de/logisch-neu

1. Auflage 1 8 7 6 | 2023 22 21

Druck und Bindung: DRUCKEREI PLENK GmbH & Co. KG, Berchtesgaden

ISBN 978-3-12-605205-4

MIX
Paper from responsible sources
FSC® C005370

So geht's – Logisch!

> *Hallo, ich heiße Dora.*
> *Ich gebe euch viele gute Tipps zum Deutschlernen.*
> *Hier erkläre ich euch* **Logisch!**
> *Darf ich vorstellen?*

Kolja   Frau Müller   Nadja   Jannik   Pia   Plato   Paul   Robbie   Anton
          (Lehrerin)

Symbole

 Hört die Gespräche.

 Hört und sprecht mit.

 Vergleicht eure Sprache mit Deutsch oder anderen Sprachen – und umgekehrt.

 Hier gibt es Anregungen für Projekte.

 Hierzu gibt es im Lehrerhandbuch Kopiervorlagen mit Vorschlägen zu fächerübergreifendem Lernen (CLIL).

 Hier lernt ihr Schreiben.

 Diese Übung im Arbeitsbuch bereitet auf die Prüfung „Fit in Deutsch" oder „Kid" vor.

 Seht das Video.

Kursbuch und Arbeitsbuch

Zu jeder Aufgabe im Kursbuch gibt es eine Übung im Arbeitsbuch. Zu Aufgabe **1** im Kursbuch macht ihr Übung **1** im Arbeitsbuch. Das ist doch logisch, oder?

Es gibt zwei Trainingskapitel. In jedem Training findet ihr eine Grammatikübersicht. Ihr lernt die Fit-Prüfung kennen und bekommt Tipps. Es gibt Informationen über Deutschland, Österreich und die Schweiz. Oder es gibt ein Spiel oder eine Aufgabe für eure Kreativität und Fantasie. Im Arbeitsbuch gibt es auch zwei Trainingskapitel. Hier könnt ihr Lerntechniken kennenlernen und üben.

Logisch! neu A1.2 – Inhalt

9

 **Wir lernen:**
sagen, was man immer/oft/manchmal/nie macht |
über Musik sprechen | sagen, dass man etwas toll findet
Sätze mit *aber* | Verben mit Akkusativ | bestimmter
Artikel im Akkusativ: *den*, *das*, *die*

Meine Freunde und ich

1 Mädchen!

a Was machen Mädchen zusammen? Machen Jungen das auch?
Sammelt in der Klasse.

> *Mädchen gehen spazieren.*
> *Das machen Jungen auch.*

> *Nein, das machen*
> *Jungen nicht!*

 b Hört das Gespräch. Welches Bild passt?
Was machen Nadja und Pia?

2.1

 c Hört noch einmal. Bringt die Sätze in die richtige Reihenfolge.

2.1

● Na ja, ein bisschen langweilig. ○ Ach, Robbie ist so süß! Wie findest du das Lied?
● Macht nichts. ○ Hör mal! Der neue Song von unserer Schulband!
● Wie findest du die Schulband? ○ Ich finde die Musik super! Kennst du den Sänger?
● Robbie? Klar. ○ Oh, eine SMS von Robbie! Ich muss weg. Tut mir leid!

d Übt zu zweit das Gespräch von Nadja und Pia. Spielt dann das Gespräch ohne Buch.

2 Das Tagebuch von Pia

a Lest das Tagebuch von Pia. Warum ist sie traurig?

A Nadja schreibt Pia keine Nachrichten. Deshalb ist Pia traurig.
B Nadja hat nie Zeit für Pia. Deshalb ist Pia traurig.
C Nadja ist in Paul verliebt. Deshalb ist Pia traurig.

Liebes Tagebuch!

Ich habe echt ein Problem mit Nadja! Ich rufe Nadja immer an, aber Nadja ruft nie an! Ich besuche Nadja oft, aber Nadja hat nie Zeit. Ich mache immer Hausaufgaben für Nadja. Nadja macht nie Hausaufgaben für mich. Manchmal gehe ich auch mit Jannik spazieren. Aber Nadja geht nie mit Plato spazieren! Wir sind doch Freundinnen! Aber vielleicht passen wir einfach nicht zusammen. Das ist so traurig! Nadja schreibt zum Beispiel immer Nachrichten und sieht Videos auf YouTube, aber ich gehe gern mit Plato in den Park oder lese. Außerdem möchte Nadja immer kochen, aber ich sehe gern Filme. Und dann Robbie! Nadja ist einfach total in Robbie verliebt. Und ich? Ich bin nicht glücklich! Niemand liebt mich.

b Warum passen Pia und Nadja nicht zusammen? Sprecht in der Klasse.

*Pia ruft Nadja immer an, **aber** …*

aber

Ich ⟨besuche⟩ Nadja oft, **aber** Nadja ⟨hat⟩ nie Zeit.

3 Deine Freunde und du

Was macht ihr zusammen? Und wie oft? Macht eine Liste und sprecht zu zweit.

Musik hören • telefonieren • Sport machen • ins Theater gehen • Hausaufgaben machen • spazieren gehen • Nachrichten an Freunde schreiben • kochen • Musik machen • Computerspiele spielen • Handy-Spiele spielen • lesen • skypen • Filme machen • chillen

immer	oft	manchmal	nie
Musik hören	ins Kino gehen		

Wir hören immer Musik.

4 Projekt: Umfrage „Was machst du mit deinen Freunden?"

Macht eine Umfrage und präsentiert eure Ergebnisse.

Macht einen Fragebogen und schreibt viele Aktivitäten (telefonieren, Musik hören, …). ● Wie oft machen eure Mitschüler das? ● Zählt und präsentiert eure Ergebnisse in der Klasse.

Umfrage: Was machst du mit deinen Freunden? Kreuze an.				
	immer	oft	manchmal	nie
telefonieren	☐	☐	☐	☐
Musik hören	☐	☐	☐	☐

9

5 Das Lied von Robbie

a Hört das Lied. Wie findet ihr die Musik?

2.2

traurig • romantisch • langweilig • interessant • blöd • schön • dumm • super

> *Ich finde die Musik sehr traurig.*

> *Ja, die Musik ist traurig, aber ich finde das Lied schön.*

b Hört das Lied noch einmal und singt den Text mit.

Siehst du die Frau dort im Fenster?
Siehst du den Baum dort im Hof?
Siehst du die Leute dort im Park?
Du bist nicht allein – niemand ist allein.

Siehst du den Hund dort im Hof?
Siehst du die Blume dort im Park?
Siehst du den Mann dort im Fenster?
Du bist nicht allein – niemand ist allein.

Siehst du das Baby dort im Hof?
Siehst du die Katze dort im Fenster?
Siehst du den Opa dort im Park?
Du bist nicht allein – niemand ist allein.

Akkusativ (bestimmter Artikel)		
der Hund	→	Siehst du **den Hund**?
das Mädchen	→	Siehst du **das Mädchen**?
die Blume	→	Siehst du **die Blume**?
die Kinder	→	Siehst du **die Kinder**?

c Schreibt die Nomen im Akkusativ in euer Heft. Welcher Artikel verändert sich im Akkusativ?

die Frau, den Baum, ...

d Schreibt noch eine Strophe für das Lied. Die Wörter im Kasten helfen.

das Kind • der Musiker • die Oma • das Mädchen • der Schüler •
die Familie • die Kinder • die Schulklasse • der Lehrer

6 Komisch …

a Lest die Sätze. Wo ist der Akkusativ?

1. Die Brille sucht den Opa.
2. Der Computer repariert den Vater.
3. Die Hausaufgabe macht den Schüler.
4. Das Motorrad liebt die Lehrerin.
5. Das Gespräch findet den Schüler langweilig.
6. Der Knochen sieht Plato.

Akkusativ in Satz 1:
„den Opa".

b Repariert die Sätze und schreibt sie richtig ins Heft.

Der Opa sucht die Brille.

Die Brille sucht den Opa?
So ein Quatsch!
Der Opa sucht die Brille!

c Übersetzt die ersten drei Sätze in 6a und b in eure Sprachen. „Sieht" man den Akkusativ?

7 Hast du …?

a Seht die Bilder 30 Sekunden an und merkt sie euch. Schließt dann das Buch.

b Welche Wörter wisst ihr noch? Schreibt alle Wörter mit Artikel auf Deutsch. Kontrolliert zu zweit. Öffnet dann das Buch. Welches Team hat die meisten Wörter?

der Bleistift
die Brille

Ja. Hast du die …?

Hast du den
Bleistift?

8 Satzakzent

a Hört die Sätze. Wo ist der Akzent: am Anfang, in der Mitte oder am Ende?

2.3

1. Die Oma sucht die Brille.   2. Die Mutter kauft das Heft.   3. Plato sieht den Knochen.

b Hört die Sätze von hinten und sprecht nach.

2.4

1. die Brille.	sucht die Brille.	Die Oma sucht die Brille.
2. das Heft.	kauft das Heft.	Die Mutter kauft das Heft.
3. den Knochen.	sieht den Knochen.	Plato sieht den Knochen.

9 Im Fan-Forum

a Richtig oder falsch? Lest die Sätze und die Texte aus den Foren.

1. Shary und Ralph sieht man bei den „Simpsons".
2. Auf YouTube und Viva kann man Musik hören und sehen.
3. Der Fußballer Mario Götze spielt in Hamburg.

A www.serien-junk.de

Blixi99
Beiträge: 56
Likes: 7

vor 2 Tagen

Was seht ihr für Serien? Ich sehe die „Simpsons".
„Wissen macht Ah" finde ich auch super. Ich bin ein großer Fan von
Shary und Ralph.

B www.musixx.de

Musicaé
3 Beiträge

› heute, 15:45 Uhr

Ohne Musik kann ich nicht leben. Deshalb habe ich den ganzen Tag
Kopfhörer im Ohr. Ich sehe Videos bei YouTube oder ich sehe Viva.
Ich habe viele Lieblingslieder. Und ihr?

C www.fussballfan-heute.de

Knaxus14
10 Beiträge

gestern, 19:25 Uhr

Fußball ist mein Leben. Mein Lieblingsfußballer ist Mario Götze. Er spielt
für Bayern München und ich finde Mario toll. Er hat eine super Technik.
Ich spiele auch Fußball bei uns in Hamburg im Harburger TB.

**b Wählt ein Forum: A, B oder C. Schreibt einen kurzen Text für das Forum.
Der Kasten hilft.**

> Ich mag … • … finde ich süß/toll/super. • Mein Lieblingssänger / Meine Lieblingssängerin /
> Meine Lieblingsgruppe ist … • Mein Lieblingssportler / Meine Lieblingssportlerin heißt … •
> Ich bin ein großer Fan von … • Ohne … kann ich nicht leben. • … ist mein Leben.

**c Hängt eure Texte in der Klasse auf. Lest die Texte und schreibt zu zweit eine
Antwort auf einen Text. Hängt eure Antwort dann unter dem Text auf.**

Kannst du das schon?

Sätze mit *aber*

– Ich rufe Nadja immer an, aber sie ruft nie an.
Nadja möchte immer kochen, aber ich sehe gern Filme.

sagen, was man immer/oft/manchmal/nie macht

– Wir hören immer Musik.
– Wir telefonieren oft.
– Wir kochen manchmal.
– Wir machen nie Hausaufgaben.

– Musik hören | telefonieren | Sport machen | ins Kino gehen |
Hausaufgaben machen | spazieren gehen | Nachrichten
an Freunde schreiben | kochen | Musik machen | Computer-
spiele spielen | Handy-Spiele spielen | skypen | chillen |
Filme machen

über Musik sprechen

– Wie findest du das Lied?
Wie findest du die Schulband?
Kennst du den Sänger?
– Ich finde die Musik (sehr) traurig | romantisch | langweilig |
interessant | blöd | schön | dumm | super.
– Die Musik ist traurig, aber das Lied ist schön.

Akkusativ

– Siehst du den Mann?
Siehst du das Mädchen?
Siehst du die Blume?
Kennst du die Kinder?
– sehen, suchen, reparieren, machen, lieben, finden, haben

sagen, dass man etwas toll findet

– ... finde ich süß/toll/super
Ich mag ...
– Mein Lieblingslied / Mein Lieblingssänger /
Meine Lieblingssängerin / Meine Lieblingsgruppe ist ...
Mein Lieblingssportler heißt ...
– Ich bin ein großer Fan von ...
– Ohne ... kann ich nicht leben. / ... ist mein Leben.

● Ich muss weg. Tut mir leid.   ○ Macht nichts.
● Kennst du ...?   ○ Klar.

Noch einmal, bitte

Sätze mit *aber*

Ergänzt die Sätze.
Ich rufe Nadja immer an,
aber ...
Nadja möchte immer kochen,
aber ...

immer/oft/manchmal/nie

Was macht ihr immer, was
oft, was nur manchmal und
was nie?

immer   nie

über Musik sprechen

Beschreibt ein Lied.

Akkusativ

Ergänzt die Sätze.
Ich suche ...
Nadja findet ... toll.
Du machst ...
Plato sieht ...

etwas toll finden

Ergänzt die Sätze für euch.
... finde ich super.
Mein Lieblingssänger heißt ...
Ohne ... kann ich nicht leben.

Tut mir leid.

■ **Wir lernen:**
über den Geburtstag sprechen | zum Geburtstag
gratulieren | Monate | Jahreszeiten | Familie | Haustiere
unbestimmter Artikel im Akkusativ: *(k)einen, (k)ein,
(k)eine | lieber*

Meine Familie und ich

1 Mein Geburtstag

2.5

a Seht die Fotos an und hört die Gespräche. Welches Foto passt zu welchem
Gespräch?

b Welche Sätze passen zu welchem Foto?

> Am Geburtstag feiert man eine Party. • Das Geburtstagskind bekommt Geschenke. •
> Am Nachmittag isst man Kuchen und trinkt Kaffee, Tee oder Kakao. •
> Die Schulfreunde gratulieren zum Geburtstag. • Die Familie singt ein Geburtstagslied. •
> Das Geburtstagskind lädt Freunde ein.

c Wie feiert ihr Geburtstag?

*Die Geschenke bekomme
ich am Abend.*

In der Schule …

2 Alles Gute zum Geburtstag!

a Lest die Einträge in Sophies Klassenchat. Wie viele Freunde gratulieren?

Max: Wer hat die Hausaufgaben?
7:19

Wir haben keine Hausaufgaben! ;-)
7:20

Tom: Wann ist die Party?
7:35

Party? ;-)
7:36

Anna: Alles Gute, liebe Sophie!
7:20

Luis: Alles Gute zum Geburtstag! Feier schön!
7:37

Lea: Herzlichen Glückwunsch!
7:25

Danke!
7:25

Wir feiern zusammen. Ich bringe heute Kuchen in die Schule mit!
7:45

Tom: Sophie, hast du heute Geburtstag? Zum Geburtstag viel Glück!
7:26

Ich danke euch!
7:27

Max: Super! Ich habe Hunger!
8:00

 b Notiert die Ausdrücke zum Gratulieren in euer Heft. Übersetzt sie in eure Sprachen.

3 Wann hast du Geburtstag?

a Wann habt ihr Geburtstag? Sprecht in der Klasse.

Ich habe im Sommer Geburtstag. Im Juli.

Ich habe im Frühling Geburtstag. Im März.

b Schreibt und malt einen Geburtstagskalender für die Klasse.

4 -er am Wortende

 a Hört -er am Wortende und sprecht nach.
2.6

Sommer – September – Dezember

 b Wie sprecht ihr diese Wörter aus? Sprecht und hört dann zur Kontrolle.
2.7

Winter – Oktober – aber – Lehrer – Zimmer – Schüler

Am Wortende: -er klingt fast wie ein „a".

5 Geburtstagslieder

a Hört und singt die Geburtstagslieder.

2.8

> Zum Geburtstag viel Glück,
> zum Geburtstag viel Glück,
> zum Geburtstag, liebe/r ...,
> zum Geburtstag viel Glück!

> Viel Glück und viel Segen
> auf all deinen Wegen,
> Gesundheit und Frohsinn
> sei auch mit dabei.

b Welche Geburtstagslieder kennt ihr?

6 Überraschung! Ein Geschenk für Kolja

a Hört den Text. Was bekommt Kolja?

2.9

b Was sagen die Freunde?
Ordnet zu und schreibt die
Sätze ins Heft. Hört das Gespräch
noch einmal zur Kontrolle.

1. Habt ihr ...   A ein Computerspiel.
2. Kolja will ...   B eine Idee.
3. Wir kaufen ...   C ein Geschenk?
4. Wir schenken ...   D zusammen eine Party.
5. Ich habe ...   E einen Computer.
6. Wir machen ...   F Karten für ein Fußballspiel.

> ... eine CD?

> ... ein Computerspiel?

> ... einen Computer?

> ... Karten für ein Fußballspiel?

> ... eine Party?

7 Geschenke

a Sammelt in der Klasse.
Was kann man sonst noch schenken?

> einen Fußball   ein Buch   eine CD

Akkusativ (unbestimmter Artikel)			
der	Er will	einen/keinen	Computer.
das	Wir kaufen	ein/kein	Geschenk.
die	Wir machen	eine/keine	Party.
die	Wir schenken	-----/keine	Karten.

b Was wünscht ihr euch nicht? Spielt in der Klasse.

> Ich will keinen
> Fußball.

> Ich will keinen Fußball
> und keine Schultasche.

> Ich will keinen Fußball,
> keine Schultasche und
> kein ...

c Was wollt ihr lieber haben? Sprecht zu zweit.

> Ich will keinen Fußball.
> Ich will lieber ein Handy.
> Und du?

> Ich will kein Computerspiel.
> Ich will lieber ...

lieber	
☹	kein
☺☺	lieber

8 Meine Familie

 a Lest und hört das Gedicht über Charlottes Familie. Wer hat wann Geburtstag?

2.10

Geburtstag ist echt toll,
da ist die Bude voll.
Mein Onkel Fritz, Grit, meine Tante
und andere Verwandte,
feiern das ganze Jahr,
das ist echt wahr!
Im Januar hat Onkel Fritz,
im Februar – das ist kein Witz –
hat meine Mutter Anna.

Im April, da hat mein Hund, der Bill.

Im Juli wünscht sich meine Katze
'nen frischen Fisch auf ihre Tatze.

Im Mai feiert mein Bruder Kai.

Meine Schwester Nele hat im März.
Sie kriegt ein Pferd, das ist kein Scherz.

Im Herbst hat dann der Opa Günther,
danach mein Vater Bernd im Winter.

Und ich, ich mache, was ich will,
und feiere im April!

> *Onkel Fritz hat im Januar Geburtstag.*

b Wer gehört zur Familie?
Notiert die Wörter an der Tafel.

Günther = der Opa

Bernd =

 c Wählt eine Person aus eurer Familie und schreibt Informationen auf ein Blatt.

Bruder von Helena	
Name: Dimitri	Schule: Aristoteles-Schule, 6b
Alter: 12 Jahre	Hobbys: Fußball und Hip-Hop ...

d Gebt die Zettel weiter, erzählt bei „Stopp" von der Person auf eurem Zettel.

... hat einen Bruder/Onkel / eine Tante/Schwester •
Ihr Bruder / Ihre Schwester heißt ... • ... ist ... Jahre alt. •
Er/Sie geht in die ... Schule, in die Klasse ... • Seine/Ihre Hobbys sind ... und ...

9 Tiere in der Familie

a Habt ihr ein Haustier oder möchtet ihr eins? Erzählt. Ein Wörterbuch hilft.

> die Katze • der Hund • der Fisch •
> der Papagei • der Hamster • das Pferd

Ich habe einen Hund.

Ich hätte gern einen Hamster.

b Da stimmt doch was nicht! Wie ist es richtig?

1 der Hund

Ich kann fliegen!

3 der Fisch

Ich kann schnell laufen und ich fresse Gras.

5

WUFF! WUFF!

die Katze

Wauwau, ich kann bellen.

2

Ich mag Fisch.

der Hamster

4

Schwimmen finde ich toll!

der Papagei

6 das Pferd

Ich schlafe den ganzen Tag.

Das ist doch Quatsch! Ein Hund kann nicht fliegen, aber er kann bellen.

10 Mein Lieblingstier

a Macht eine Umfrage in der Klasse. Welches Haustier ist die Nummer 1?

> Katze III
> Hund II

b Lest den Text über Haustiere in Deutschland. Welches Haustier ist in Deutschland die Nummer 1? Vergleicht mit eurem Ergebnis.

Haustier Nummer 1 in Deutschland
In Deutschland gibt es über 5 Millionen Hunde. Besonders beliebt ist der Labrador. Hamster und andere Kleintiere gibt es auch 5 Millionen, Vögel nur 3,3 Millionen. Katzen sind süß, brauchen nicht viel und sind in Deutschland mit 8 Millionen sehr beliebt.

Millionen

eine Million = 1.000.000

In Deutschland ist die Nummer 1 .... Bei uns ... .

11 Projekt: „Unser Haustier"

Arbeitet zu dritt. Wählt ein Haustier und schreibt eine Infokarte. Stellt dann euer Haustier vor.

Ich spreche heute über den Hund. Ein Hund kann ...

> Ein Hund • Eine Katze • Ein Pferd ... • ist ... /
> kann ... / frisst ... • groß / süß / braun / ... •
> bellen / fliegen / schnell laufen ... • Salat / Fleisch / ...

Kannst du das schon?	**Noch einmal, bitte**
über den Geburtstag sprechen	**Geburtstag**
– Am Morgen singt meine Familie ein Lied und ich bekomme Geschenke. – Meine Schulfreunde gratulieren zum Geburtstag. – Am Nachmittag essen wir Kuchen. – Ich lade meine Freunde ein und am Abend feiere ich eine Party.	Wie feiert ihr Geburtstag? Schreibt vier Sätze.
zum Geburtstag gratulieren	**gratulieren**
– Alles Gute zum Geburtstag! Herzlichen Glückwunsch! Zum Geburtstag viel Glück!	Gratuliert zum Geburtstag.
Monate	**Monate**
– Januar | Februar | März | April | Mai | Juni | Juli | August | September | Oktober | November | Dezember	Nennt die 12 Monate.
Jahreszeiten	**Jahreszeiten**
– Frühling | Sommer | Herbst | Winter	Wie heißen die Jahreszeiten?

unbestimmter Artikel im Akkusativ: *(k)einen, (k)ein, (k)eine*

Er will	einen/keinen	Computer.
Wir kaufen	ein/kein	Geschenk.
Wir machen	eine/keine	Party.
Wir schenken	-----/keine	Karten.

Akkusativ
Ergänzt die Sätze.
Er will …
Wir kaufen …
Wir schenken …
Er hat …

Kannst du das schon?	**Noch einmal, bitte**
lieber	*lieber*
– Tom will keinen Fußball. Er will lieber ein Handy. – Mia will keine Party. Sie will lieber ein Computerspiel.	Was will Tom? Was will Mia? Tom: ~~Fußball~~ Handy Mia: ~~Party~~ Computerspiel
Familie	**Familie**
– die Großeltern: der Opa (der Großvater) + die Oma (die Großmutter) – die Eltern: der Vater (Papa) + die Mutter (Mama) – der Onkel, die Tante – die Geschwister: der Bruder, die Schwester	Beschreibt eure Familie. *Ich habe einen Opa und zwei Omas. Ich …*
Haustiere	**Haustiere**
– der Hund | die Katze | der Fisch | der Hamster | das Pferd | der Papagei – Ein Hund kann bellen. | Eine Katze mag Fisch. | Der Fisch kann schwimmen. | Der Hamster schläft den ganzen Tag. | Das Pferd kann schnell laufen und frisst Gras. | Der Papagei kann fliegen.	Wer kann was?

Wann ist die Party?
Ich danke euch!
Feier schön!

Feier schön!

Wir lernen:
Geschäfte | Lebensmittel | nach Preisen fragen |
etwas bestellen | sagen, was man (nicht) gern isst | Maße
Verben *mögen* und *brauchen* | *für* + Akkusativ

In der Stadt

1 Beim Einkaufen

a Wo ist das? Ordnet die Wörter den Fotos zu.

> im Supermarkt • im Buchladen • auf dem Markt •
> im Kaufhaus • in der Bäckerei • im Fastfood-Restaurant

Nummer 1 ist im Fastfood-Restaurant.

▶ 2.11 **b Hört die Gespräche.
In welchem Geschäft sind die Personen?**

Gespräch 1 ist im …

**c Hört noch einmal. Was kaufen die Personen wo?
Macht eine Tabelle im Heft und ordnet zu. Ergänzt dann weitere Wörter.**

im Supermarkt	im Buchladen	auf dem Markt	im Kaufhaus	in der Bäckerei	im Fastfood-Restaurant
Milch		Bananen			

Butter · Apfel-Kuchen · Bananen · Brötchen · Cola · DVD · Brot · Eier · Hamburger · Kaffee · Kartoffeln · Milch · Wörterbuch · Salat

 d Übersetzt die Wörter aus 1c in eure Sprachen. Sind die Wörter ähnlich?

2 30 Euro Taschengeld

2.12

a Hört zu. Wie viel kosten die Sachen? Schreibt ins Heft.

Flugzeug 16,80 Euro.						

Neunundneunzig Euro? Das ist teuer.

Zwei Euro neunundneunzig? Das ist billig.

b Ihr habt zusammen 30 Euro.
Überlegt zu zweit: Was kauft ihr von Aufgabe 2a?

c Macht Karten mit Preisen und Sachen.
Sprecht zu zweit wie im Beispiel.

Wie viel kostet das Buch?

Das Buch kostet 35,99 Euro.

Oh! Das ist aber teuer!

3 Wie viel kostet …?

a Schreibt das Gespräch ins Heft. Der Kasten hilft.

● Entschuldigung. Können Sie mir helfen?
○ Ja, gern.
● …
○ Moment. Hier ist sie.
● Danke schön. …
○ 13 Euro und 80 Cent.
● Gut, ich nehme sie. …
○ Die Kasse ist dort.
● …
○ Auf Wiedersehen.

> Wo kann ich bezahlen? •
> Ich suche die DVD „Fluch der Karibik". •
> Vielen Dank. Auf Wiedersehen. •
> Wie viel kostet sie?

2.13

b Hört das Gespräch und kontrolliert eure Lösung.

c Spielt weitere Gespräche zu zweit.

– das Buch „Ostwind" / es / 10,95 Euro
– die CD „Melodie" von Cro / sie / 12,50 Euro

4 Essen in der Stadt

a Bringt die Geschichte in die richtige Reihenfolge.

> Hallo! Was möchtet ihr?

> Drei Hamburger, zwei Gläser Cola und eine Tasse Kakao, bitte. Und du, Nadja?

A

> Ich habe keinen Hunger mehr, danke. Ich möchte nur eine Flasche Mineralwasser!

> Gut, also, eine Flasche Mineralwasser, einen Tomatensaft und einen Tee. Na dann. Guten Appetit!

B

> Robbie!!!

> Ich habe auch nur Durst. Für mich bitte einen Tomatensaft und einen Tee.

> Ähm … vielleicht nimmst du einen Salat oder eine Gemüsesuppe?

C

D

> Na gut. Dann für mich nur vier Stück Pizza.

E

> Ähm … Nur ein Stück Pizza?

> Robbie, das ist genug! Nicht so viel!!!

> Also, ich weiß nicht!

b Spielt das Gespräch zu dritt.

> Was möchtet ihr?

> Ich möchte eine Flasche Wasser und …

> Hm, Wurst! Lecker!

5 Was magst du?

a Macht eine Hit-Liste mit euren Lieblingsgerichten an der Tafel.

Hamburger	HHH I
Pommes mit Ketchup	IIII
Würstchen	III

b Was mögt ihr? Was mögt ihr nicht? Sprecht zu dritt.

☺	☹
Ich mag …	Ich esse nicht so gern …
Ich esse gern … / Lecker!	Ich mag kein …
Ich liebe … / Mir schmeckt …	Igitt!

mögen

Was **magst** du? – Ich **mag** …
Was **magst** du nicht? – Ich **mag** keinen/kein/keine …

6 Pia und Paul kochen

a Lest das Rezept. Was glaubt ihr? Sind Pfannkuchen süß oder salzig?

Pfannkuchen (für 6 Personen)
Schmeckt gut mit Marmelade!
0,5 l Milch · 250 g Mehl · 30 g Zucker · 6 Eier · Salz

Maße		
l	=	Liter
g	=	Gramm
kg	=	Kilogramm

b Hört zu. Pia und Paul kaufen ein. Ergänzt die Sätze.
2.14

Sie haben schon …   Sie brauchen noch …

c Hört noch einmal. Was ist richtig?

1. Paul findet Pia sauer wie Zitronen.   2. Paul findet Pia süß wie Zucker.

7 Im Supermarkt

a Ihr wollt kochen. Was braucht ihr für …?

1. Pfannkuchen (Pl.)   2. eine Pizza   3. ein Schokoladeneis   4. einen Obstsalat

Zucker • Tomaten • Mehl • Käse • Eier • Milch • Schokolade •
Bananen • Äpfel • Orangen • Orangensaft • Marmelade

Für Pfannkuchen braucht man Eier, Mehl und …

b Kennt ihr andere Gerichte? Sammelt in der Klasse.

c Macht eine Einkaufsliste zu den Gerichten in 7b und sprecht in der Gruppe.

Apfelkuchen
Äpfel, Mehl, Eier, Butter, Zucker

für + Akkusativ		
Für …	**einen**	Apfelkuchen …
	ein	Schokoladeneis …
	eine	Pizza …
		Pfannkuchen …
braucht man …		

8 Projekt: Unser Lieblingsgericht

Macht eine Foto-Kochgeschichte.

Arbeitet in Gruppen und wählt ein einfaches Lieblingsgericht. ● Kocht es zu Hause oder in der Schulküche. ● Macht maximal 6 Fotos beim Kochen. ● Schreibt zu jedem Foto einen Satz. ● Bringt die Fotos in die Klasse mit. ● Die anderen bringen die Fotos in die richtige Reihenfolge.

Man braucht Kartoffeln, 3 Eier, …

9 p – b, t – d, k – g

Haltet ein Blatt vor den Mund. Hört und sprecht die Sätze. Was passiert mit dem Blatt bei Satz 1, 3 und 5?
2.15

1. Plato mag Pommes aus der Pizzeria.   2. Das Buch und die Butter sind billig.
3. Die tollen Tomaten sind teuer.   4. Danke für die DVD.
5. Können Katzen Käse kaufen?   6. Ich esse gern gesundes Gemüse.

10 Stationen

a Zu welchem Schild passen die Beispiele 1–4? Ordnet zu.

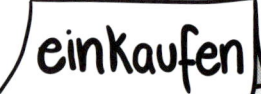 einkaufen

im Café

Was magst du (nicht)?

Was kochen wir?

1
Entschuldigung!
Können Sie mir helfen?
Ich suche …
Wie viel kostet …?
Oh, das ist aber teuer/billig.
Den/Das/Die nehme ich (nicht).
Wo kann ich bezahlen?

… kostet … Euro.
Hier ist …
Vielen Dank!
Auf Wiedersehen!

2
Ich esse gern …
Mir schmeckt …
Ich mag/liebe …
Mhm, lecker. Das mag ich auch.

Ich esse nicht so gern …
Ich mag keinen/kein/keine …
Igitt. Das mag ich nicht!
Und du? Was magst du?

4
Guten Tag!
Was möchten Sie?
Für mich ein Stück …, bitte!
Ich möchte …
Und ein Glas / eine Tasse …, bitte.
Kommt sofort!
Hier, bitte schön!
Vielen Dank.

Zahlen, bitte!
Das macht … Euro.
Vielen Dank! Auf Wiedersehen!

3
- ● Machen wir Pfannkuchen?
- ○ Nein. Ich mag keine Pfannkuchen.
- ● Okay, machen wir Schokoladeneis?
- ○ Einverstanden! Das ist gut!
- ● Wir brauchen Schokolade, Zucker und …

b Geht zu zweit an einen Tisch. Spielt die Situationen. Die Redemittel in 10a helfen.

Kannst du das schon?

Geschäfte
– im Supermarkt | auf dem Markt | im Buchladen |
  im Kaufhaus | in der Bäckerei | im Fastfood-Restaurant

Lebensmittel
– das Gemüse: der Salat, die Kartoffel, die Tomate
– das Obst: die Banane, der Apfel, die Orange
– die Wurst, der Käse, der Fisch, das Fleisch
– das Brot, das Brötchen, der Kuchen
– die Pizza, die Suppe, der Hamburger, die Pommes
– die Marmelade, das Eis, die Schokolade
– die Butter, das Mehl, der Zucker, das Salz, das Ei
– die Cola, das Mineralwasser, der Saft, die Milch, der Kaffee,
  der Kakao, der Tee

nach Preisen fragen
● Wie viel kostet das Buch?
○ Es kostet 8,50 Euro.
● Das ist wirklich billig. / Oh, das ist aber teuer.

etwas bestellen
– Ein Stück Pizza und ein Glas Cola, bitte.
– Ich möchte ein Glas Orangensaft und einen Hamburger.
– Für mich eine Tasse Kakao, bitte.

sagen, was man (nicht) gern isst
– ☺   ☹
  Ich mag ...   Ich mag kein ...
  Ich esse gern ...   Ich esse nicht so gern ...
  Ich liebe ...
  Mir schmeckt ...

Maße
– l = der Liter | g = das Gramm | kg = das Kilogramm

für + Akkusativ
Für einen Apfelkuchen braucht man Äpfel, Mehl, Eier, Butter
und Zucker.
Für ein Schokoladeneis braucht man Milch, Kakao und Zucker.
Für eine Pizza braucht man Mehl, Wasser, Tomaten und Käse.
Für Pfannkuchen braucht man Mehl, Eier, Milch, Zucker und Salz.

Guten Appetit!
Zahlen, bitte!
Lecker!
Igitt!

Noch einmal, bitte

Geschäfte
Wo kauft ihr ein?
Nennt zwei Geschäfte.

Lebensmittel
Nennt möglichst viele
Lebensmittel.

nach Preisen fragen
Fragt und antwortet.
– das Buch: 7,99 €
– die DVD: 8,95 €
– der Fußball: 15,45 €

etwas bestellen
Bestellt euch:
– 1 Stück Pizza + 1 Glas Cola
– 1 Hamburger + 1 Glas
  Orangensaft

(nicht) gern essen
Nennt je drei Dinge.
☺   ☹

Maße
Was ist das?
l   g   kg

für + Akkusativ
Was braucht ihr für ...
– Apfelkuchen?
– Schokoladeneis?
– Pizza?
– Pfannkuchen?

Guten Appetit!

12

Wir lernen:
ein Programm verstehen | über Kleidung sprechen |
Farben | eine Geschichte erzählen
Verben mit Dativ | Personalpronomen im Dativ: *mir*,
dir … | Fragen mit *welcher, welches, welche*

Unser Schulfest

1 Das Programm

2.16

a Hört das Gespräch und ergänzt das Programm im Heft.

Schulfest		
Wann?	**Was?**	**Wo?**
16 Uhr	…, Saft und Cola	auf dem …
…	Anton zaubert	in Raum 12
18 Uhr	Videoclips	in der …
…	…	in der Turnhalle
20 Uhr	…	…

> Um 16 Uhr
> gibt es Pizza, Saft und
> Cola auf dem …

b Präsentiert das Programm.

2 Wer macht was?

a Welche Gruppen gibt es?

> Gruppe 1: Plakat und Dekoration
> Gruppe 2: …
> Gruppe 3: …

b Was machen die Gruppen?

	organisiert	die Pizza.
	malt	Papier und Farben.
Die Gruppe 1	macht	die Turnhalle.
Die Gruppe 2	kauft	die Musik.
Die Gruppe 3	dekoriert	Saft und Cola.
		Plakate.

> Die Gruppe 1 malt
> die Plakate und …

3 Stress in der Turnhalle

a **Seht die Bilder an und lest die Texte. Was passt zusammen?**

> Text A
> passt zu Bild ...

1   2   3

A
„Nadja, hilf uns bitte!", ruft Pia von der Leiter.
„Tut mir leid. Ich kann jetzt nicht. Ich muss
Robbie helfen. Tschüüüüs!"
Nadja geht weg. Pia und Kolja sind sauer.

C
Dann kommt Robbie in die Turnhalle.
„Hallo Robbie!", ruft Nadja. „Gefällt dir
die Dekoration?"
Robbie antwortet: „Ähm, ja, ja, ganz
hübsch. Ich mache jetzt den Sound-Check.
Hilfst du mir?" „Klar!"

B
Pia, Nadja und Kolja sind in der Turnhalle.
Nadja hängt Plakate auf. Kolja und Pia stehen
auf einer Leiter und dekorieren die Turnhalle.
Pia sagt: „Hilf ihm bitte!"

b **Wer ist *ihm*, *mir* und *uns*? Wählt A oder B.**

1 Bild 1   A   B

> Hilf **ihm** bitte!

> Nach „helfen"
> kommt immer
> der Dativ.

2 Bild 2   A   B

> Hilfst du **mir**?

3 Bild 3   A   B

> Nadja, hilf
> **uns** bitte!

Personalpronomen im Dativ	
ich	Tut **mir** leid!
du	Gefällt **dir** die Dekoration?
er/es/sie	Hilf **ihm/ihm/ihr**!
wir	Tut **uns** leid!
ihr	Ich helfe **euch**.
sie/Sie	Kann ich **ihnen/Ihnen** helfen?

c **Findet ihr noch mehr Verben mit Dativ in 3a?**

d **Seid ihr netter als Nadja oder nicht? Schreibt Gespräche mit verschiedenen Pronomen wie im Beispiel. Spielt die Gespräche mit vielen Gesten.**

1. ● Hilfst du mir bitte?
   ○ Klar, ich helfe dir!

2. ● Helft ihr uns?
   ○ Nö, tut uns leid. Wir helfen euch nicht.

4 Was ziehst du an?

a Lest die Texte und ordnet die Sprechblasen den Personen zu.

Ich habe meinen eigenen „Style"! Ich ziehe an, was ich mag. Modische Kleidung finde ich doof!
Ich trage gern Kleider und Pullover und manchmal einen Mantel und einen Hut.

Nicoletta ★ ★ ★

> 1.
> Ich ziehe Jeans und ein Sweatshirt an. Das ist bequem.

Ich mag modische Kleidung. Ich trage gern Blusen und Jeans. Mit meiner Freundin Emma gehe ich oft zum Shopping. Wir probieren Blusen, Hosen oder Jacken. Aber wir kaufen nichts. „Augenshopping" sagt meine Freundin.

Lisa ★ ★ ★

> 2.
> Was ziehe ich bloß zum Schulfest an? Wie immer, eine Bluse und eine Jeans? Ich weiß nicht ...

Ich mag bequeme Kleidung! Ich ziehe immer Jeans und T-Shirts an. Dazu trage ich Sportschuhe.
Ach ja, Kapuzen-Sweatshirts mag ich auch.

Jakob ★ ★ ★

> 3.
> Zum Schulfest ziehe ich ein Kleid an – und vielleicht einen Hut!

b Lest die Texte noch einmal und sammelt die Kleidungsstücke.

der Pullover, ...								

 c Was zieht ihr gern an? Sprecht zu zweit. Dann schreibt jeder einen kurzen Text über das Thema.

> Ich ziehe gern ... an.

> Ich mag ...

> Ich trage auch gern ...

5 Blau, rot, gelb ...

2.17 **a** Hört die Farben und lest mit. Übersetzt sie dann in eure Sprachen. Sind die Wörter ähnlich?

 schwarz   grau   blau    grün   weiß    rot    gelb    braun

b Beschreibt einen Schüler in der Klasse. Die anderen raten.

> Seine Hose ist schwarz, sein Pullover ist blau. Wer ist das?

> Das ist ...

> Ihre Bluse ist ...

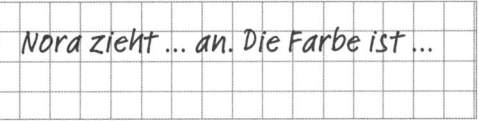

6 Bist du fertig?

2.18

a Was zieht Nora an? Hört das Gespräch und notiert im Heft.

> Nora zieht … an. Die Farbe ist …

● Hallo Nora! Bist du fertig?
○ Nein! Was ziehe ich bloß an?
● Mach schnell.
  Das Schulfest beginnt gleich …
○ Wie gefällt dir das Kleid?
● Nicht so gut. Zieh lieber eine Hose an.
○ Welche Hose?
  …

Fragen mit welcher, welches, welche

der	**Welcher**	Pullover?
das	**Welches**	Kleid?
die	**Welche**	Hose?
die	**Welche**	Pullover/Kleider/Farben?

b Kurz vor dem Schulfest. Jeder wählt zwei bis drei Kärtchen und malt sie an. Spielt dann zu zweit Gespräche.

● Welche Hose gefällt dir?
○ Die Hose hier.
● Rot?
○ Ja, Rot gefällt mir.
● Und welches T-Shirt passt dazu?
○ Das T-Shirt hier.
● Grau?
● Ja, Grau passt. Komm wir gehen.

7 Projekt: Fashion-Guide

Macht einen Fashion-Guide für Otto und Marlene.

Arbeitet in Gruppen und sucht euch
eine Person aus. ● Was kann die Person
in der Schule, auf einer Party und beim
Training tragen? ● Malt, schneidet aus,
fotografiert oder bringt Kleidung für eure
Person mit. ● Präsentiert eure Ergebnisse
in der Klasse.

> *In der Schule
> kann Otto … tragen.
> Dazu passt …
> Auf einer Party …*

Otto

> *Was ziehe ich
> bloß an?*

Marlene

8 eu – au

2.19

Hört zu und sprecht mit.

> **eu – au**
> *Du liest und schreibst eu,*
> *du hörst und sprichst oi.*
> *Du liest und schreibst au,*
> *du hörst und sprichst au.*

– n<u>eu</u>, h<u>eu</u>te, Fr<u>eu</u>nd/Fr<u>eu</u>ndin, <u>Eu</u>ropa, Flugz<u>eu</u>g, d<u>eu</u>tsch, <u>eu</u>ch
– Meine n<u>eu</u>e Fr<u>eu</u>ndin fliegt h<u>eu</u>te mit dem Flugz<u>eu</u>g nach <u>Eu</u>ropa.
– <u>Au</u>fgabe, <u>au</u>s, <u>Au</u>to, bl<u>au</u>, H<u>au</u>s, l<u>au</u>fen
– Die Schule ist <u>au</u>s, ich l<u>au</u>fe nach H<u>au</u>se und mache meine
  H<u>au</u>s<u>au</u>fgaben.

9 Auf dem Schulfest

Wo ist Pia?

Pia ist nicht hier. Die ist bei Robbie in der Turnhalle.

Hallo Anton. Wo ist Paul?

Abrakadabra … Paul ist auf dem Schulhof …

Ist Pia auch hier?

Keine Ahnung! … Ach, Robbie ist spitze!

Wo ist denn Paul?

Ach, hier seid ihr! Hast du noch Pizza?

Der ist schon weg.

Klar!

Quatsch! Hier ist doch sein Skateboard.

PIZZA

a **Was ist passiert? Lest die Geschichte oben. Bringt dann die Sätze in die richtigen Reihenfolge.**

A Pia sucht Paul. Sie fragt Anton: „Wo ist Paul?"
B Pizza gut – alles gut! Es gibt ein Happy End.
C Pia findet Paul und Plato. Sie sind auf dem Schulhof und essen Pizza.
D Pia geht zum Pizzastand. Sie sieht das Skateboard von Paul.
E Paul sucht Pia. Er fragt Kolja: „Wo ist Pia?"
F In der Turnhalle spielen Robbie und seine Band. Nadja weiß nicht, wo Pia ist.

b **Erzählt die Geschichte ohne Buch.**

Kannst du das schon?

ein Programm verstehen
– Um 17 Uhr zaubert Anton in Raum 12.
– Um 18 Uhr gibt es Videoclips in der Cafeteria.
– Um 19 Uhr spielen Robbie und seine Band in der Turnhalle.

Dativ
– helfen, leidtun, gefallen
– 🔵 Hilfst du mir bitte?
  ⚪ Klar, ich helfe dir!
– 🔵 Helft ihr uns?
  ⚪ Nö, tut uns leid. Wir helfen euch nicht.

Farben
– schwarz | grau | blau | grün | weiß | rot | gelb | braun

über Kleidung sprechen
– das T-Shirt | der Pullover | das Sweatshirt | die Bluse
  die Jeans | die Hose | das Kleid | der Mantel | die Jacke |
  der Hut
– Meine Hose ist schwarz. Mein T-Shirt ist blau.
  Meine Jacke ist grau.

Fragen mit *welcher, welches, welche*
– 🔵 Welcher Mantel gefällt dir?
  ⚪ Der Mantel hier.
– 🔵 Und welches T-Shirt passt dazu?
  ⚪ Das T-Shirt hier.
– 🔵 Und welche Hose gefällt dir?
  ⚪ Die Hose hier.
– 🔵 Und welche Schuhe passen dazu?
  ⚪ Die Schuhe hier.

eine Geschichte erzählen

Wo ist Pia?

Hallo Anton. Wo ist Paul?

Klar! *Ach, hier seid ihr! Hast du noch Pizza?*

1. Paul sucht Pia. Er fragt Kolja: „Wo ist Pia?"
2. Pia sucht Paul. Sie fragt Anton: „Wo ist Paul?"
3. Pia findet Paul und Plato. Sie sind auf dem
   Schulhof und essen Pizza.
4. Pizza gut – alles gut. Es gibt ein Happy End.

Was ziehe ich bloß an?
Rot steht dir.

Noch einmal, bitte

ein Programm
Wann ist was?
– *17:00 Anton*
– *18:00 Videoclips*
– *19:00 Robbie + Band*

Dativ
Spielt Gespräche.
– 🔵 *helfen mir?* ⚪ ☺
– 🔵 *helfen uns?* ⚪ ☹

Farben
Nennt fünf Farben.

Kleidung
Was trägst du heute?

welcher, welches, welche
Mantel/T-Shirt/
Hose/Schuhe?
Was gefällt dir und was
passt zusammen?
Spielt Gespräche.

eine Geschichte erzählen
Erzählt die Geschichte von
Pia und Paul.

Wo ist Pia?

Hallo Anton. Wo ist Paul?

Ach, hier seid ihr. Hast du noch Pizza?

Was ziehe ich bloß an?

Grammatikübersicht

Konnektoren: *und, oder, aber*

und	Ich (bin) 13 Jahre alt. Ich (wohne) in Leipzig.
	→ Ich (bin) 13 Jahre alt **und** (ich) (wohne) in Leipzig.
oder	(Ist) das richtig? (Ist) das falsch?
	→ (Ist) das richtig **oder** (ist) das falsch?
aber	Ich (mag) Hunde. Ich (mag) keine Katzen.
	→ Ich (mag) Hunde, **aber** ich (mag) keine Katzen.

Verben *mögen* und *brauchen*

	mögen	**brauchen**
ich	**mag**	brauch**e**
du	**magst**	brauch**st**
er/es/sie	**mag**	brauch**t**
wir	mög**en**	brauch**en**
ihr	mög**t**	brauch**t**
sie	mög**en**	brauch**en**
Sie	mög**en**	brauch**en**

Artikelwörter im Akkusativ:

	der, das, die		*ein, eine*		*kein, keine*	
Nominativ	**Akkusativ**					
der	**den**	Magst du **den Kuchen**?	**einen**	Hast du **einen Apfel**?	**keinen**	Nein, ich habe **keinen Apfel**.
das	**das**	Opa kauft **das Geschenk**.	**ein**	Magst du **ein Ei**?	**kein**	Nein, ich mag **kein Ei**.
die	**die**	Pia sucht **die CD**.	**eine**	Isst du **eine Tomate**?	**keine**	Nein, ich esse **keine Tomate**.
die	**die**	Siehst du **die Kinder**?	**–**	Siehst du **Eier**?	**keine**	Wo? Ich sehe **keine Eier**.

Weitere Verben mit Akkusativ

bekommen	Zum Geburtstag bekomme ich **ein Buch**.
besuchen	Heute besuche ich **einen Freund**.
brauchen	Wir brauchen **die Mathebücher**.
feiern	Wir feiern heute **den Geburtstag** von Plato.
finden	Ich finde **die CD** nicht.
hören	Hörst du **die Musik**?
lieben	Sie liebt **den Hund Plato**.
machen	Ich muss noch **Hausaufgaben** machen.
reparieren	Sie repariert **das Fahrrad**.
schenken	Wir schenken Kolja **eine CD**.
singen	Wir singen **ein Lied**.
trinken	Er trinkt **einen Apfelsaft**.

Frageartikel: *welcher, welches, welche?*

der Pullover	**Welcher** Pullover gefällt dir?
das T-Shirt	**Welches** T-Shirt gefällt dir?
die Farbe	**Welche** Farbe gefällt dir?
die Schuhe	**Welche** Schuhe passen dazu?

Personalpronomen im Dativ

Nominativ	Dativ	
ich	mir	Tut **mir** leid.
du	dir	Gefällt **dir** die Musik?
er/es	ihm	Hilf **ihm** bitte.
sie	ihr	Hilf **ihr** bitte.
wir	uns	Können Sie **uns** helfen?
ihr	euch	Ich helfe **euch**.
sie	ihnen	Wir helfen **ihnen**.
Sie	Ihnen	Wir helfen **Ihnen**.

Verben mit Dativ: leidtun, gefallen, helfen, stehen

Präposition: *für* + Akkusativ

für	**Für einen Apfelkuchen** braucht man Eier, Mehl, Zucker und Äpfel.

Tipps für die Prüfung

1 Prüfungsteil Lesen: Beschreibungen

a Seht euch die Anzeige an und lest die Beschreibung. Wer ist das Mädchen? Macht Notizen im Heft.

Anzeige 1

Hallo. Ich bin Nina und wohne in Leipzig. Ich bin 14 Jahre alt. Meine Hobbys sind Schwimmen und Lesen und ich spiele gern Klavier. Ich habe einen Bruder, eine Schwester und einen Hund. Mein Bruder und meine Schwester sind oft doof, aber mein Hund ist toll! Er hört gern Musik. Deshalb heißt er Mozart.

- Name: Nina
- Alter: ...
- Stadt: ...
- Familie: ...
- Hobbys: ...
- Tiere: ...

b Lest die zweite Beschreibung. Wer ist der Junge? Macht Notizen im Heft.

Anzeige 2

Ich heiße Maximilian und bin 13 Jahre alt. Meine Freunde nennen mich Max. Ich wohne mit meiner Mutter und meiner Schwester in Basel. Mein Vater wohnt in Zürich, aber ich besuche ihn oft. Er kann sehr gut kochen. Ich koche auch gern. Und ich spiele gern Fußball.

c Lest jetzt die Prüfungsaufgaben. Was ist richtig, was ist falsch? Notiert im Heft.

Anzeige 1

1 Nina liest gern Bücher.   richtig   falsch

2 Nina hat zwei Geschwister.   richtig   falsch

3 Ihr Bruder hört gern Musik.   richtig   falsch

Anzeige 2

1 Max ist dreizehn Jahre alt.   richtig   falsch

2 Max wohnt in Zürich.   richtig   falsch

3 Max kocht gern.   richtig   falsch

1. richtig

 2 Prüfungsteil Sprechen: Fragen stellen und auf Fragen antworten

a Was fällt euch zum Thema „Wohnen" ein? Sammelt an der Tafel.

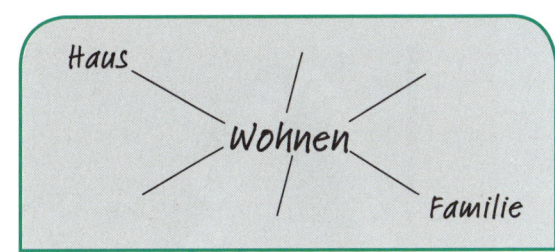

b Schreibt vier Fragen zu den Wörtern aus 2a ins Heft. Lasst unter den Fragen zwei Zeilen frei für die Antwort.

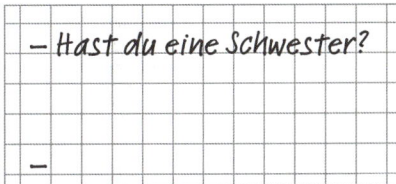

c Tauscht eure Hefte. Schreibt die Antworten unter die Fragen von eurem Partner / eurer Partnerin.

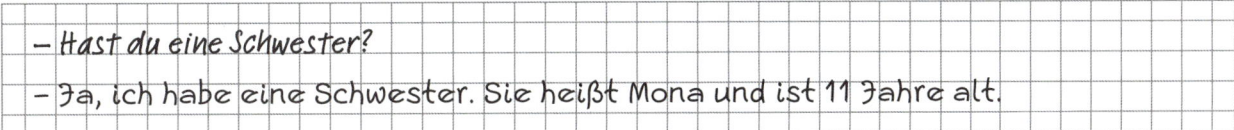

d Arbeitet zu zweit. Jeder schreibt drei Wörter von der Tafel auf drei Kärtchen. Jetzt habt ihr sechs Kärtchen.

e Spielt zu zweit Prüfung: A fängt an, nimmt ein Kärtchen und fragt B. B antwortet. Dann nimmt B ein Kärtchen und fragt A.

Pinnwand

Vietnamesische Spezialitäten

V1	**Phở Bò**[4] sehr beliebt in Vietnam. Reisband-nudelsuppe mit Rindfleisch, Koriander und Baylikum	8,10
V2	**Gỏi Cuốn, 2 Stück**[c,f,4,b,d] Reispapier gerollt mit Reis-nudeln, Garnelen, Eier, Hühnerfl., Asia-Kräutern & Fischsauce	4,2
V3	**Mì Vịt**[4] Nudelsuppe mit gegrillter Ente, Pak Choi und Lauchzwiebeln	8,1
V4	**Bún Chả Giò**[c,4,b,d] Reisnudeln mit Frühlingsrolle, Asia-Kräutern und Fischsauce	7,4
V5	**Bún Bò Nam Bộ**[4,d] Reisnudeln mit gebratenem Rindfleisch, Asia-Kräutern und Fischsauce	7,
V6	**Mì Hoành Thánh**[4,b] Nudelsuppe mit Wantan, Pack Choi und Garnelen	7,
V7	**Bún Bò Lá Lốt**[4,d] Rindfleisch gefüllt in Wildbetel-blättern, Asia-Kräutern und Fischsauce, dazu Reisnudeln	
V8	**Mì Gói Tôm**[4,b] Thai-Nudelsuppe mit Garnelen, Pak Choi und Asia-Kräutern	
V9	**Phở Xào Tôm**[4,b] gebratene Reisbandnudeln mit Gemüse und Garnelen	

Suppen

1	**Peking Suppe**[4,c] scharf-saure Suppe mit Fleisch, Eiern und Gemüse	
2	**Glasnudelsuppe**[4] mit Hühnerbrust, Morcheln und Bambussprossen	
3	**Wan Tan Suppe**[4,b] Maultaschen gefüllt mit Fleisch, Shrimps und Gemüse	
4	**Tom Yam Gung**[4,b] scharf-saure Suppe mit Garnelen, Strohpilzen und Gemüse	
5	**Tom Yam Gai**[4,b] scharf-sauer Suppe mit Hühnerbrust, Strohpilzen und Gemüse	
6	**Canh Chua Suppe**[4,b] mit Garnelen, Ananas und Tomaten	
7	**Tom Kha Gai Suppe**[4,b] mit Hühnerbrust, Strohpilzen und Kokosmilch	
8	**Tofu Miso Suppe**[f,4] mit Tofu und Seetang	
9	**Vegetarische Suppe**[f,4] mit Gemüse und Tofu	

Vorspeisen

10	**Gebackene Hummerkrabben**[4,b] mit Chilisauce	
11	**China Frühlingsrolle**[4] (1 Stk.) gefüllt mit Hühnerfleisch, Gemüse und Chilisauce	
12	**Vietnam Frühlingsrolle**[c,4] (2 Stk.) gefüllt mit Hackfleisch Glasnudeln, Morcheln, Gemüse und Chil	

il Duomo
Milano

NARODOWY BANK POLSKI
DZIESIĘĆ ZŁOTYCH
IF5406437

Vienna Wien

3 Das Lieblingsding

a Zu welchem Thema passen die Dinge auf der Pinnwand? Warum?

Essen:						
Musik:						
Reisen: B, …						

> B passt zu Reisen.
> Das ist eine Postkarte.

b Ergänzt in Gruppen typische Dinge aus eurem Land zu den Themen aus 3a.

> Paella ist typisch in Spanien.

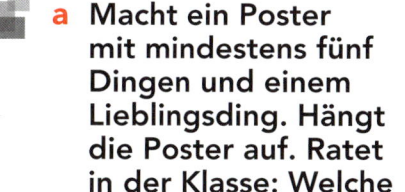

2.20 **c** Hört das Gespräch zwischen Sofia und Marc. Was ist Sofias Lieblingsding an der Pinnwand? Warum?

4 Eure Pinnwand

a Macht ein Poster mit mindestens fünf Dingen und einem Lieblingsding. Hängt die Poster auf. Ratet in der Klasse: Welche Pinnwand ist von wem?

b Sucht euch einen Partner / eine Partnerin. Sprecht über eure Poster: Was ist das Lieblingsding? Warum?

Wir lernen:
über Ferien sprechen | einen Weg beschreiben |
Grüße aus den Ferien schreiben | Wetter
Wohin? – *nach Italien, zu meiner Oma, an den See,
in die Berge* | Wohin? – *in* + Akkusativ, *zu* + Dativ | *es* |
Präteritum *war, hatte*

Endlich Ferien!

1 Pia fährt nach ...

2.21

a Seht die Bilder an und überlegt:
Wohin fährt Pia? Wählt aus und hört
dann zur Kontrolle.

Pia fährt ...
1. nach Spanien.   2. nach Italien.   3. in die Türkei.

b Endlich Urlaub: In welche Städte oder Länder fährt/fliegt man bei euch gern?

> nach London
>
> nach Frankreich
>
> nach Asien

Wohin? – Länder, Städte, Kontinente	
nach	Spanien, Italien, Madrid, Europa, Asien
in die	Türkei, USA, Schweiz

2 Urlaubsfotos

a Welches Foto ist von wem?

1

2

3

4

> Foto 1 ist von ...

> Ans Meer = an + das Meer.

b Wohin fahren die Personen?
Hört zu und ergänzt.

2.22

> ans Meer • in die Berge •
> an den Bodensee • zu seiner Oma

Wohin? – Personen, Wasser, Berge ...		
zu		**zu** meinem Opa/Onkel ... **zu** meiner Oma/Tante ...
an		**an** den Bodensee **ans** Meer **an** die Nordsee
in		**in** die Berge

Frau Müller	Kolja	Paul	Nadja
in die ...			

3 Wohin fährt Plato?

a Seht das Bild an und sprecht in der Klasse.

Vielleicht fährt Plato …

b Wohin wollt ihr in den Ferien fahren?

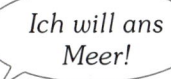
Ich will ans Meer!

Wir wollen nach New York.

4 Was machst du in den Ferien?

a Lest Gespräch 1, ergänzt Gespräch 2 im Heft. Spielt dann die Gespräche.

Gespräch 1:
- ● Wohin fährst du in den Ferien?
- ○ Meine Eltern und ich fahren nach Österreich, an den Neusiedler See.
- ● Und was macht ihr da?
- ○ Wir campen. Und was machst du?
- ● Ich fahre nach Balkonien.
- ○ Wo liegt denn das?
- ● Quatsch! Ich fahre nicht weg. Ich bleibe zu Hause.

Gespräch 2:
- ● Wohin fährst du in den Ferien?
- ○ Wir machen eine Reise … Griechenland. Wir fliegen … Mittelmeer, … Athen.
- ● Toll! Was macht ihr da?
- ○ Von Athen fahren wir mit dem Schiff … Naxos. Und was machst du?
- ● Ich fahre … meiner Oma.

b Schreibt und spielt Gespräche in der Klasse.

- ● Ferien: Wohin?
- ○ Österreich / USA / Oma / …
- ● Was?
- ○ campen / New York ansehen / wandern / … Und du?
- ● Nordsee, schwimmen / Schweiz, Fahrradtour machen / zu Hause bleiben, …

> ● *Wohin fährst du in den Ferien?*
> ○ *Ich fahre in die USA.*
> ● *…*

5 Projekt: Traumurlaub

Präsentiert euren Traumurlaub.

Arbeitet in Gruppen und überlegt: Wie sieht euer Traumurlaub aus? ● Sammelt Bilder und Fotos aus Magazinen und aus dem Internet. Klebt sie auf ein Plakat und schreibt kurze Sätze unter die Bilder. ● Präsentiert euren Traumurlaub in der Klasse. ● Jeder Schüler / Jede Schülerin bekommt ein Kärtchen mit 👍 („Gefällt mir"). Nach allen Präsentationen klebt es jeder Schüler / jede Schülerin auf eine Präsentation (aber nicht auf seine eigene). ● Wer hat die meisten 👍?

Wir fahren ans Meer. …

6 Ein Ferientag zu Hause

a Was gibt es in der Stadt? Seht den Stadtplan an und macht eine Liste an der Tafel. Vergesst den Artikel nicht.

Hier gibt es einen Park.

der Park

b Was kann man in den Ferien in der Stadt machen? Wohin geht oder fährt man? Sammelt an der Tafel.

Was?	Wohin?
Eis essen	ins Eiscafé
ein Picknick machen	in den Park
...	...

Wohin? – in + Akkusativ

in den Park
ins Eiscafé
in die Schule

c Wohin kann man bei euch in den Ferien gehen oder fahren?

Bei uns kann man ins Schwimmbad gehen. Oder in den Wald. Dort kann man …

7 Kommst du mit in den Park? Kommst du mit zum See?

2.23

a Lara ist neu in der Stadt. Hört das Gespräch und seht den Plan in 6a an. Welchen Weg zum Park beschreibt Sophie? A, B oder C?

links   geradeaus   rechts

b Lest die Wegbeschreibung. Beschreibt dann zu zweit den Weg zum Kino und zum See.

Wie komme ich zum Schwimmbad? Bin am Bahnhof.

Du gehst geradeaus zur Theaterstraße.
Dann gehst du links und dann geradeaus.
Das Schwimmbad ist links.

Wohin? – zu + Dativ

zum See
zum Schwimmbad
zur Theaterstraße

Ratet mal! Zum = zu + … Und „zur"? Zu + …

8 Grüße aus den Ferien

a Lest die Nachrichten. Wer schreibt was?

A

Lieber Herr Schulze,

vielen Dank für Ihren Tipp! Sie haben recht, die
Schweiz ist wirklich sehr schön.
Hier ist es warm und das Hotel ist gemütlich.
Ich gehe jeden Tag in die Berge.
Ach ja: das Käsefondue schmeckt sehr lecker!
Bis September!

Herzliche Grüße
Ihre …

B

Lieber Paul,
Rom ist toll! Und das Kolosseum ist
sehr interessant.
Ich mache viele Fotos!
Es ist total heiß und ich esse jeden
Tag ein Kilo Eis.
Ich habe fast kein Taschengeld
mehr!
Wie geht es Dir bei Deiner Oma?
Was machen die Tiere? ☺
Deine …

C

Hallo Paula,

meine Ferien sind voll gechillt! Das Wetter ist schön und das
Essen schmeckt prima! Es gibt hier einen super Campingplatz!
Die Leute sind nett, wir lachen viel und wir
machen jeden Tag eine Party!!!
Leider ist mein Gepäck weg: kein Rucksack, kein
Pullover, keine Jacke, kein Handy. Aber hier
brauche ich nur meine Badehose, Jeans und T-Shirt.

Bis bald
Dein …

> Nachricht A ist von …
> Er/Sie macht Ferien in …
> Das Wetter ist …

b Wählt aus und schreibt Grüße aus den Ferien ins Heft.

Ferien
Die Ferien sind
toll und mir geht
es sehr gut! ☺☺
Die Ferien sind
okay. ☺
Die Ferien sind
nicht so schön
und es geht mir
schlecht! ☹

Wetter
Es regnet.
Es ist kalt.
Es ist schön.
Es ist heiß.
Es ist warm.
Die Sonne
scheint.

Essen
Das Essen
schmeckt prima.
… schmeckt
nicht schlecht.
… schmeckt
gar nicht.

Leute
Es sind nur
junge Leute da.
Es gibt hier nur
alte Leute.
Er/Sie ist total
nett.

Freizeit
Ich bin immer
am Meer.
Endlich Zeit
zum Lesen.
Es gibt viele
Discos.
Es ist total lang-
weilig hier.

Schluss
Viele Grüße
Dein/e …
Ihr/e …

es

Es ist sehr schön.
Es ist heiß. / **Es** regnet.
Wie geht **es** dir?
Es geht mir gut.
Es gibt hier viele junge Leute.
Es sind nur alte Leute da.

Hallo …,
die Ferien sind …

9 Grüße aus Balkonien

a Hanna berichtet von ihren Ferien. Seht die Fotos an und lest die E-Mail: Was stimmt nicht?

> Schon wieder auf dem Spielplatz!

> Wie unromantisch! Immer nur zu Hause sein ...

Hallo Alex!
Ich hatte super Ferien!
Ich war in Italien.
Wir hatten ein Hotel in Venedig.
Es war sehr romantisch!
Wir hatten super Wetter.
Es war sehr heiß und ich war den ganzen Tag im Pool!
Am Abend waren meine Schwester und ich immer in der Disco.
Und am Ferienende war eine Superparty!
Ich hatte viel Spaß.
☺ Hanna

> Lach doch mal!

> Regen – Regen – Regen!

> Hanna hatte keine super Ferien. Sie war nicht in Italien. Sie war zu Hause! Das Wetter war ...

b In den Ferien, nach den Ferien: Ergänzt an der Tafel und schreibt die Sätze ins Heft.

In den Ferien	Nach den Ferien
Ich _habe_ super Ferien.	Ich _hatte_ super Ferien.
Ich _bin_ in Italien.	Ich _war_ in Italien.
Wir _haben_ ein Hotel mit Pool.	Wir ...
Es _ist_ sehr heiß.	
Wir _sind_ in der Disco.	

Präteritum

	sein	haben
ich	war	hatte
du	warst	hattest
er/es/sie	war	hatte
wir	waren	hatten
ihr	wart	hattet
sie/Sie	waren	hatten

10 s – ss – ß – sch

2.24

a Hört zu und sprecht die Sätze nach.

e**s**, hei**ß**, i**s**t, Kolo**ss**eum ...
E**s** i**s**t heiß im Kolo**ss**eum.

sehr, **S**uppe, **S**u**s**i, **s**uper ...
Su**s**i mag **s**ehr gern **S**uppe.
Suppe ist **s**uper!

Schuhe, **Sch**ule, **Sch**wester ...
Nach der **Sch**ule kauft meine **Sch**wester **Sch**uhe.

 b Wie spricht man die s-Laute in euren Sprachen? Gibt es Regeln?

Kannst du das schon?

Wohin? – *nach, zu, an, in*
– Ich fahre in den Ferien ...
　... nach Italien/Rom.
　... in die Türkei / in die USA / in die Berge.
　... zu meinem Opa / meiner Oma.
　... an den Bodensee / ans Meer / an die Nordsee.

über Ferien sprechen
– ● Wohin fährst du in den Ferien?
　○ Meine Eltern und ich fahren nach Österreich, an den Neusiedler See.
　● Was macht ihr da?
　○ Wir campen. Und was machst du?
　● Ich fahre an die Nordsee. Wir wollen schwimmen und eine Fahrradtour machen.

Ferien in der Stadt
– der Marktplatz | das Museum | der Bahnhof | das Schwimm-bad | der See | das Kino | das Theater | das Eiscafé | der Park | der Wald | das Krankenhaus | die Schule | die Post
– Ich gehe heute ...
　... in den Park / ins Schwimmbad / in die Schule.

einen Weg beschreiben
– links | rechts | geradeaus
– ● Wie komme ich zum Park / zum Schwimmbad / zur Schule?
　○ Du gehst geradeaus zur Theaterstraße. Dann gehst du links und immer geradeaus. Das Schwimmbad / Der Park / Die Schule ist links.

Wetter
Es regnet.
Die Sonne scheint.
Es ist kalt/heiß/warm.
Es / Das Wetter ist schön.

Präteritum *war, hatte*
– Ich hatte tolle Ferien. Ich war in Italien. Wir hatten ein Hotel in Venedig. Es war sehr romantisch. Wir hatten super Wetter und die Leute waren alle nett. Ich hatte viel Spaß.

– Ich fahre nach Balkonien.
– Ich esse jeden Tag ein Kilo Eis.
– Voll gechillt!

Noch einmal, bitte

Wohin?
Wohin fahrt ihr?
Wir fahren
... Spanien, ... New York,
... USA, ... Oma, ... Onkel,
... Meer.

über Ferien sprechen
Sprecht über eure Ferien.
● *Wohin?*　　○ *Nach ...*
● *Was?*　　　○ *... Du?*
● *Ich fahre ...*

Ferien in der Stadt
Nennt möglichst viele Orte und Aktivitäten in der Stadt.

Weg beschreiben
Beschreibt den Weg zum Schwimmbad.
Schwimmbad?
↑ zur Theaterstraße
↩ + dann ↑
Schwimmbad ↩

Wetter
Wie ist das Wetter?

Präteritum *war, hatte*
Schreibt im Präteritum:
Ich habe tolle Ferien. Ich bin in Italien. Wir haben ein Hotel in Venedig. Es ist sehr romantisch. Wir haben super Wetter und die Leute sind alle nett. Ich habe viel Spaß.

Voll gechillt!

Wir lernen:
Körperteile | über Krankheiten sprechen | eine
Geschichte erzählen | über Bewegung sprechen
Genitiv-s bei Eigennamen | Personalpronomen im
Akkusativ: *mich, dich, …*

Gute Besserung!

1 Beim Arzt

2.25

a Hört das Gespräch. Wo hat Anton Schmerzen? Markiert an der Tafel.

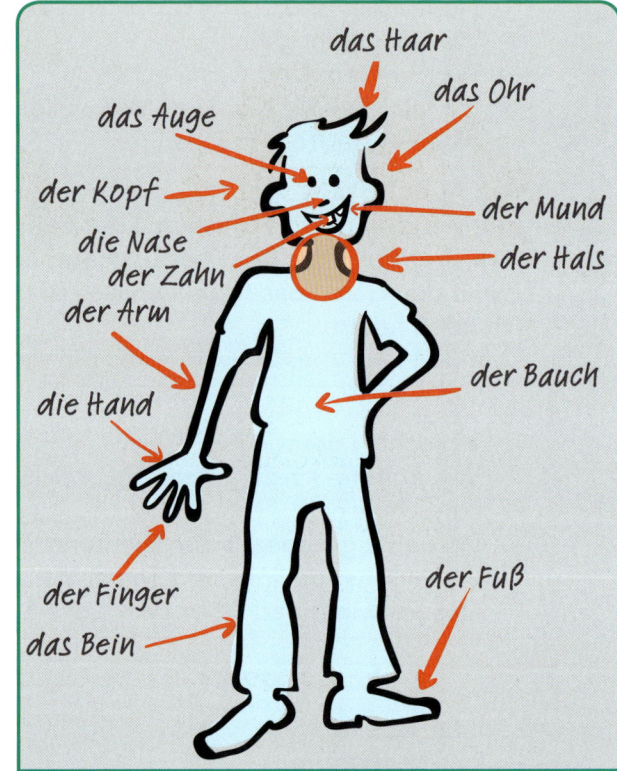

- Na, was fehlt dir denn?
- ○ Mein Hals tut weh.
- Sag mal ‚A'!
- ○ AAAAAA!
- Tut der Kopf auch weh?
- ○ Ja! Und meine Ohren tun auch weh!
- Aha.
- ○ Und ich habe Bauchschmerzen.
- Hast du die Schmerzen schon lange?
- ○ Ja. Muss ich ins Krankenhaus?
- Nein. Du musst nicht einmal in die Apotheke …

b Was tut Anton weh? Sprecht in der Klasse.

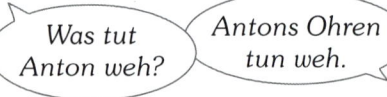

Was tut Anton weh? — *Antons Ohren tun weh.* — *Was tut ihm noch weh?* — *Antons …*

Genitiv-s bei Eigennamen

Anton**s** Ohren
Anton**s** Nase
Anton**s** Bauch

2 Schwierige Wörter aussprechen

2.26

Hört zu und sprecht nach.

Bauchschmerzen	die Bauchschmerzen	Hast du schon lange Bauchschmerzen?
Frühstücksbrötchen	das Frühstücksbrötchen	Magst du Wurst auf dein Frühstücksbrötchen?
Deutscharbeit	die Deutscharbeit	Wann schreiben wir die Deutscharbeit?
Entschuldigung	die Entschuldigung	Du brauchst eine Entschuldigung.
Kugelschreiber	der Kugelschreiber	Wo ist mein Kugelschreiber?
Lieblingslehrer	der Lieblingslehrer	Wie heißt dein Lieblingslehrer?

3 Aua! Mir tut ... weh!

a Wem tut was weh? Ordnet die Sätze im Heft.

1. Das Wetter war so kalt, deshalb ...
2. Plato liebt Schokolade, deshalb ...
3. Paul isst viele Hamburger, deshalb ...
4. Frau Müller war zwei Tage in den Bergen, deshalb ...
5. Die Musik war viel zu laut, deshalb ...
6. Pia sieht viel fern, deshalb ...

A ... tun ihr die Augen weh.
B ... hat Nadja Halsschmerzen.
C ... ist ihm schlecht.
D ... hat Robbie Kopfschmerzen.
E ... tun ihr die Füße weh.
F ... hat er oft Zahnschmerzen.

2.27

b Hört das Telefongespräch. Wie geht es Frau Müller?

c Wie geht es dir? Spielt Gespräche in der Klasse.

● Wie geht es dir? ● Geht es dir gut? ● Geht es dir heute nicht gut?	○ Es geht mir nicht so gut. ○ Es geht mir schlecht. ○ Nein, es geht mir nicht gut. ○ Mir geht's wirklich schlecht.	● Was hast du denn? ● Was ist los?	○ Mir tut/tun ... weh. ○ Mein/Meine ... tut/tun weh. ○ Ich habe ... schmerzen. ○ Mir ist (so) schlecht.	● Hoffentlich geht es dir bald besser. ● Gute Besserung!

4 Pantomime: Krankheiten

a Ein Schüler / Eine Schülerin spielt eine Krankheit vor. Die anderen raten.

b Wie heißen die Krankheiten in euren Sprachen?

5 Das Mathe-Fieber, Teil 1 „Die Klassenarbeit"

> Alex, aufstehen!

> Heute bleibst du zu Hause. Gute Besserung!

> Ich bin müde und mir geht es sooo schlecht …

 a Seht die Bilder an und beschreibt sie zu zweit.

1. Alex: 7 Uhr – aufstehen
2. Stundenplan lesen – Schultasche packen
3. Heute: Klassenarbeit Mathe – Angst bekommen – Idee haben
4. Alex: wieder ins Bett gehen – Mutter: ins Zimmer kommen – Alex: „Mir geht es so schlecht!"

5. Mutter: Tee und Tabletten bringen – zur Arbeit gehen – „Gute Besserung!"
6. Alex: laut Musik hören – Comics lesen – Handy klingeln

Bild 1: Alex steht um 7 Uhr auf.		

 b Hört das Telefongespräch. Wer sagt das? Alex, Nora oder Julia?

2.28

1. Ich verstehe dich nicht.
2. Ich verstehe ihn nicht.
3. Besucht ihr mich?
4. Wir besuchen dich.
5. Wir besuchen ihn.

6. Ruf mich bitte an.
7. Ich koche Tee für euch.
8. Er kocht Tee für uns.
9. Wir haben eine Überraschung für ihn.

c Würfel-Spiel: Spielt zu zweit und macht Sätze.

1 besuchen	1 mich
2 verstehen	2 dich
3 anrufen	3 ihn/es/sie
4 kochen (für)	4 uns
5 abholen	5 euch
6 treffen	6 sie/Sie

> Zwei und vier, „verstehen" und „uns": Er versteht uns.

Personalpronomen im Akkusativ

ich	Ruf **mich** bitte an.
du	Ich verstehe **dich** nicht.
er/es/sie	Wir besuchen **ihn/es/sie**.
wir	Er kocht Tee für **uns**.
ihr	Wir haben eine Überraschung für **euch**.
sie/Sie	Ich rufe **sie/Sie** an.

6 Das Mathe-Fieber, Teil 2 „Der Besuch"

a Ein Freund / Eine Freundin von euch ist krank. Was bringt ihr mit?
Sprecht in der Klasse.

Ich bringe
Schokolade mit!

Ich bringe
Obst mit.

Ich bringe das
Mathebuch mit.

Quatsch! Man bringt
kein Mathebuch mit!

b Ordnet die Sätze den Bildern zu.

A Du bleibst zu Hause und lernst Mathe! • **B** Hallo Alex! Wir haben eine Überraschung für dich! •
C Wir essen ein Eis. Kommst du mit? • **D** Heute war keine Klassenarbeit. Der Mathelehrer
ist krank. • **E** Ja! Ich komme mit! • **F** Kann ich das Paket aufmachen? •
G Keine Klassenarbeit? Ich werde verrückt! • **H** Mama, neiiin! Mir geht es viel besser.

 c Beschreibt die Bilder 7–9.

Bild 7	Bild 8	Bild 9
Am Nachmittag besuchen …	Nora und Julia …	Dann kommt …
Zuerst macht Alex …	Alex möchte …	Alex muss …
Danach …		

7 Bewegung ist gesund

a Wiederholt in der Klasse: Wie heißen diese Sportarten? Welche Sportarten sind in eurer Klasse noch wichtig? Sammelt.

1.   2.   3.   4.

5.   6.   7.   8.

> surfen ...

b Wie kann man sich noch bewegen? Sammelt in der Klasse.

> in der Disco tanzen   zu Fuß in die Schule gehen
> Müll rausbringen   mit dem Hund spazieren gehen
> Treppen gehen   ...

c Pia braucht mehr Bewegung. Lest die Sätze über Pia und gebt ihr Tipps. Aufgabe 7a und b helfen.

> Sieh nicht so viel fern!
> Du musst ...

Pia sieht viel fern.
Sie geht gern mit Plato spazieren.
Ihr Freund Paul fährt gern Skateboard und spielt Fußball.

8 Projekt: Wochenplan Bewegung

 Wie viel Bewegung habt ihr? Schreibt eine Woche lang alles auf. Überlegt: Habt ihr genug Bewegung?

	Montag	Dienstag	Mittwoch	
Sport	30 Minuten schwimmen			
andere Bewegung	15 Minuten in die Schule laufen ...			

> Experten sagen: Kinder und Jugendliche brauchen zwei Stunden Bewegung am Tag.

Kannst du das schon?

Körperteile
– der Kopf: das Haar, das Auge, das Ohr, die Nase,
  der Mund, der Zahn
– der Hals, der Arm, die Hand, die Finger, der Bauch
– das Bein, der Fuß

Genitiv-s bei Eigennamen
– Platos Ohren
  Koljas Nase
  Robbies Gitarre

über Krankheiten sprechen
– Kopfschmerzen, Zahnschmerzen, Ohrenschmerzen, Hals-
  schmerzen, Bauchschmerzen ...
– Mir tun die Füße / die Ohren / die Augen weh.
– Mir tut der Kopf / der Hals / der Bauch weh.
– Mir ist (so) schlecht.

eine Geschichte erzählen

Nora und Julia besuchen Alex. Sie bringen Alex ein Geschenk
mit. Sie haben auch noch eine Überraschung für ihn: „Heute war
keine Klassenarbeit. Der Lehrer ist krank."
Alex sagt: „Keine Klassenarbeit? Ich werde verrückt!"
Nora und Julia wollen Eis essen. Sie fragen Alex: „Kommst
du mit?" Er steht auf und will mitkommen.
Aber dann kommt seine Mutter nach Hause. Sie sagt:
„Du bleibst zu Hause und lernst Mathe!" Alex ist sauer.

Personalpronomen im Akkusativ *mich, dich*
Ruf **mich** bitte an.
Ich verstehe **dich** nicht.
Wir besuchen **ihn/es/sie**.
Er kocht Tee für **uns**.
Wir haben eine Überraschung für **euch**.
Ich rufe **sie/Sie** an.

über Bewegung sprechen
– Skateboard/Fahrrad fahren, schwimmen, surfen,
  Fußball/Tennis spielen, wandern, laufen, …
– Müll rausbringen, Treppen gehen, zu Fuß in die Schule gehen,
  tanzen, spazieren gehen, …

Sag mal ‚A'!
Gute Besserung!
Ich werde verrückt!

Noch einmal, bitte

Körperteile
Nennt zehn Körperteile.

Genitiv-s
Von wem ist ...?

Krankheiten
Spielt den Dialog.
● *Wie geht's?* ○ ☹
● *Was?* ○ *... tut weh.*
● *bald besser.*

eine Geschichte erzählen
Erzählt die Geschichte von
Alex. Die Bilder helfen.

Personalpronomen im Akkusativ
Macht drei Sätze.
ich | nicht verstehen | dich | .
bitte | anrufen | ihn | !
sie | besuchen | uns | !

Bewegung
Wie viele Minuten/Stunden
Bewegung habt ihr an
Schultagen / am Wochenende /
in den Ferien?

Gute Besserung

Wir lernen:
mein Zimmer | Wohnräume | einen Weg beschreiben II |
auf eine Einladung antworten | eine S-Bahn-Fahrt
beschreiben | die Wohnsituation beschreiben
Wo? – *in* + Dativ | ihr-Imperativ | Wo? – *bei meinen
Eltern, am See, im Park, auf der Weide*

Bei mir zu Hause

das Poster   die Lampe

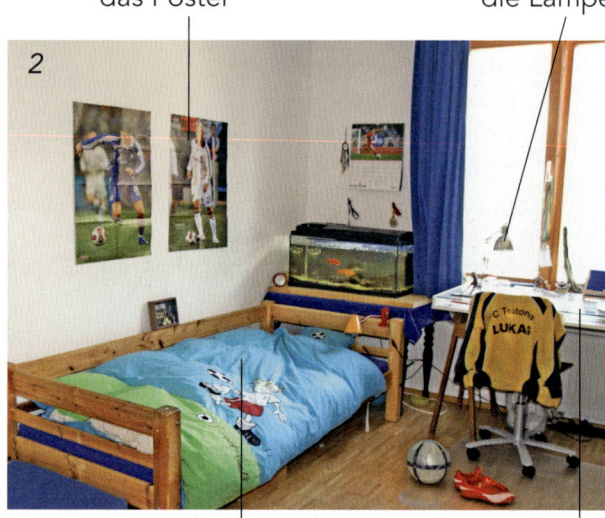

das Regal   der Stuhl   die Tür   das Bett   der Tisch

1   Bens Zimmer

a Was gibt es in beiden Zimmern?
Sammelt zu zweit.

> In beiden
> Zimmern gibt es ein
> Bett, …

 b Hört das Gespräch. Wo sind die Personen? In Zimmer 1 oder 2?

2.29

2   Das Zimmerspiel

Übt zu zweit. Was ist in deinem Zimmer? Jeder notiert fünf Gegenstände.
Fragt und antwortet wie im Beispiel.

3 Bens Wohnung

a Was kann Ben in seinem Zimmer machen? Wählt aus dem Kasten.

> schlafen • lesen • Musik hören • Computerspiele spielen • telefonieren •
> duschen • Zähne putzen • fernsehen • in der Sonne sitzen • kochen •
> Fußball spielen • eine Party feiern • Fahrrad fahren • frühstücken

Ben kann Musik hören.

b Was macht Ben in den anderen Zimmern? Wählt aus den Wörtern in 3a aus.

Im Garten spielt Ben Fußball.

Wo? – in + Dativ

der → **im** Flur/Garten
das → **im** Bad/Wohnzimmer/Schlafzimmer
die → **in der** Küche/Toilette

im = in + dem.

c Malt eure Traumwohnung.
Dein Partner / Deine Partnerin rät die Zimmer.

Ist das deine Küche?

Nein! Hier putze ich Zähne.

Ist das dein Bad?

Ja!

4 Eine Einladung

a Lest die Sätze und dann die Nachricht. Welche Sätze sind richtig?

1. Paul hat Geburtstag.   2. Paul feiert die neue Wohnung.
3. Die Freunde sind am Samstag und Sonntag bei Paul.   4. Die Gäste müssen nichts mitbringen.

FREUNDE – SCHULE
Pia, Robbie, Nadja, Kolja, Paula, Anton, Du

4. Juli

Paul

Hi Leute!
Wir haben eine neue Wohnung. Deshalb mache ich am Samstag um 16 Uhr eine Party.
Ich lade euch alle herzlich ein. Meine neue Adresse: Viktorstraße 4. Das ist in der
Altstadt von Großdorf. Ich schicke euch einen Plan.
Das Beste: Wir schlafen in Zelten im Garten. Bringt bitte einen Schlafsack mit!
Ich hoffe, ihr kommt. Bitte sagt mir bis Donnerstag Bescheid!
Euer Paul
                                                                    17:15

---

b Der Weg zu Paul: Was ist falsch? Vergleicht mit dem Plan und korrigiert die Sätze.

– mit der S-Bahn bis Haltestelle Großdorf fahren
– dort links rausgehen
– dann links gehen und dann geradeaus zur Lenzstraße
– rechts gehen und geradeaus zur Viktorstraße gehen
– dort wieder rechts gehen
– Hausnummer 4 ist links, bei Kunze klingeln

c Erklärt den Gästen den Weg zu Paul.

> *Fahrt mit der S-Bahn
> Richtung Flughafen bis ...
> Geht dann links raus. ...*

ihr-Imperativ	
fahren!	→ fahr**t**!
raus|gehen	→ geh**t** raus!
gehen	→ geh**t**!
klingeln	→ klingel**t**!

 d Beschreibt den Weg zu euch nach Hause.

5 Vielen Dank für die Einladung

a Lest die Antworten. Wer kommt? Wer kommt nicht?

Hi Paul,
vielen Dank für die
Einladung. Ich komme
gern.
Bis Samstag!
Nadja

Tag Paul,
tut mir leid, aber ich
kann nicht zu der Party
kommen. Mein Opa
feiert Geburtstag.
Viel Spaß!
Paula

Hallo Paul! Ist dein
Zimmer fertig? Ich
komme natürlich und
sehe mir alles an. Kolja

 b Wollt ihr zu Pauls Party kommen? Sagt ihm zu oder ab.

6 Die Fahrt zu Paul

a Seht die Bilder an. Ordnet die Sätze den Bildern zu.

A Sie laufen zum Gleis 2. Die S-Bahn fährt ab. • **B** Die Freunde warten. Pia ist nicht pünktlich. Sie kaufen Fahrkarten. • **C** Paul ist traurig, aber seine Freunde kommen schon. • **D** Die Freunde steigen in die S-Bahn ein. Die S-Bahn kommt in Großdorf an und die Freunde steigen aus.

b Hört die Gespräche. Warum kommen die Freunde so spät zu Paul?

2.30

Pia kommt zu spät.

Plato hat …

Sie waren beim …

Die S-Bahn …

7 Mit oder ohne *h*?

a Welches Wort hört ihr? Schreibt ins Heft.

2.31

1. Haus – aus   2. hier – ihr   3. Halt! – alt   4. heiß – Eis   5. Hund – und   6. Hanna – Anna

b Übt zu zweit. Einer sagt ein Wort aus 7a. Der andere rät: mit oder ohne *h*?

c Gibt es in euren Sprachen Wörter mit *h*? Hört man es?

8 Nicht zu Hause wohnen

a Seht euch das Foto und die Überschrift vom Text an. Was denkt ihr?
Wo wohnt Magnus?

Magnus, 13 Jahre: „Ich habe zwei Familien."

Ich wohne nicht zu Hause.
Ich wohne auch nicht bei
meinen Eltern.
Ich wohne in einem Internat,
im Internat Schondorf. Das
ist in der Nähe von München,
am Ammersee.
Ich gehe hier in die Schule,
in die 7. Klasse, und ich
wohne auch hier.

Meine Eltern sehe ich nur am Wochenende. Natürlich vermisse ich sie, aber die Lehrer und Erzieher
hier sind super. Deshalb geht es mir hier sehr gut.
Die anderen Schüler sind fast wie Geschwister für
mich. Es ist wie eine zweite Familie.

Toll ist: Man ist hier nie
allein. Wir essen
zusammen, wir machen
zusammen Sport, wir
spielen zusammen. Das
mag ich.
Ich habe zusammen mit
Tassilo ein Zimmer. Er ist
mein bester Freund.
Manchmal möchte ich aber
auch allein sein. Das ist im Internat
gar nicht so einfach. Das geht nur im
Park auf der Bank. Oder auf der
Weide. Da sind dann nur die Pferde.

b Lest den Artikel und beendet die Sätze in der Klasse.

1. Magnus wohnt nicht ... und nicht bei ...
2. Er wohnt im ... Das ist in der Nähe von ... am ...
3. Magnus fühlt sich ...
4. Die anderen Schüler sind wie ...
5. Magnus ist nie ... Die Schüler machen alles ...
6. Manchmal möchte Magnus ... Das geht nur ...

c Und ihr? Wo und wie wohnt ihr?
Schreibt ins Heft.

Ich wohne in ... . Das ist in der Nähe von ... (am ...)
Ich wohne bei .... Hier wohnt auch mein/meine ...
Hier geht es mir ...
Ich habe zusammen mit ... ein Zimmer. Er/Sie ist ...
Manchmal möchte ich allein sein. Das geht ...

Wo? – Personen, Wasser, Orte, Plätze ...	
bei	bei meinen Eltern
an	am Ammersee, See
in	im Park, Internat
auf	auf der Bank, Weide

9 Projekt: Room-Tour

 Macht ein Video von einem Zimmer.

Arbeitet zu zweit. ● Einer filmt, der andere präsentiert das Zimmer auf Deutsch. ● Das Video
darf nicht länger als eine Minute sein. ● Zeigt das Video in der Klasse.

Das ist mein Zimmer. Hier seht ihr ...
Das ist mein/meine ...
Hier kann ich ...
Das ist mein Lieblingsplatz. Hier ...

Kannst du das schon?

mein Zimmer
– das Bett | der Tisch | der Stuhl | das Regal | die Lampe | der Schrank | das Poster | die Tür

Wohnräume
– mein Zimmer | das Wohnzimmer | das Schlafzimmer | die Küche | der Flur | das Bad | die Toilette | der Garten

Wo? – *in* + Dativ
– im Flur/Garten
im Bad/Wohnzimmer/Schlafzimmer / in meinem Zimmer
in der Küche/Toilette

einen Weg beschreiben
– Fahrt mit der S-Bahn Richtung Flughafen bis Haltestelle Großdorf.
Geht dann links raus.
Geht dann rechts und dann geradeaus zur Lenzstraße.
Geht noch einmal rechts und geradeaus zur Viktorstraße.
Geht dann wieder rechts.
Die Hausnummer 4 ist links. Klingelt bei Kunze.

auf eine Einladung antworten
– Liebe ... / Lieber ...,
vielen Dank für deine Einladung. Ich komme gern.
Dein ... / Deine ...
– Liebe ... / Lieber ...
tut mir leid, aber ich kann nicht zur Party kommen.
Meine Mutter ist krank.
Dein ... / Deine ...

eine S-Bahn-Fahrt beschreiben
– Fahrkarten kaufen – zum Gleis laufen/gehen – in die S-Bahn/U-Bahn einsteigen – die S-Bahn/U-Bahn fährt ab – die S-Bahn/U-Bahn kommt in ... an – aussteigen

die Wohnsituation beschreiben
– Ich wohne in Warnemünde. Das ist in der Nähe von Rostock, direkt an der Ostsee.
Ich wohne bei meinen Eltern. Hier wohnen auch meine Schwester und meine Großeltern.
Ich habe zusammen mit Corinna ein Zimmer. Sie ist meine Schwester.
Manchmal möchte ich allein sein. Das geht im Winter an der Ostsee.

Hi Leute!
Viel Spaß!

Noch einmal, bitte

mein Zimmer
Was ist in eurem Zimmer?

Wohnräume
Welche Zimmer hat eure Wohnung / euer Haus?

Wo? – *in* + Dativ
Wo macht ihr das:
schlafen, essen, Musik hören?
Ich schlafe in ...

Weg beschreiben
Beschreibt den Weg zu Paul.

auf eine Einladung antworten
Sagt zu oder ab.
☺ *ja, kommen*
☹ *nein, Mutter krank*

eine S-Bahn-Fahrt
Nennt fünf Aktivitäten.

Wohnsituation
Wo und wie wohnt ihr?
Sprecht.
Ich wohne in ... Das ist ...
Ich wohne bei ... Hier wohnt auch ... Ich habe zusammen mit ... Er/Sie ...

Hi Leute!

Wir lernen:
Wiederholungsspiel | Feste und Feiern in DACH |
eine Abschlussparty vorbereiten

Finale

1 Wiederholungsspiel: „Drei gewinnt"

Spielt zu zweit, zu dritt, zu viert ...

Jeder braucht zwölf Spielfiguren. Und so geht's:

Wie heißen die Länder?	Sag drei Imperativ-Sätze von Eltern.	Wie spät ist es?
TR A CH P D		
Spiel ein Minigespräch: • *Kommst du mit ins Kino?* ○ ☺ / ☹	Nenne sieben Lebensmittel.	Was machst du oft, was nur manchmal und was nie? Sag je ein Beispiel.
Du bekommst eine Einladung zu einer Geburtstagsparty. Du kommst gerne! Ruf an.	Was sagst du?	Beschreibe den Weg zur Post ↑ zur Theaterstraße ← + dann ↑ *Die Post ist* →
Nenne fünf Hobbys.	Bestelle und frag nach dem Preis.	Mo ... ... / Mathe Musik Englisch / Deutsch / Wie heißen die Wochentage?
Nenne fünf Dinge in deinem Zimmer.	Nenne fünf Wörter. Schule – Stadt –	Stelle drei Fragen zu einer Person. *Wie ...? Woher ...? Wo ...?*
Zähle von 20 bis 10! *20, 19, ...*	Was sagst du?	Mach Sätze mit: *einkaufen aussteigen anrufen*

Leg eine Spielfigur auf ein Feld und löse die Aufgabe. ● Richtig? Die Figur bleibt liegen. ● Falsch? Die Figur muss weg. ● Der nächste Spieler kommt dran. ● Hast du drei in einer Reihe? Du gewinnst! ● Sind alle Spielfiguren weg und keiner hat drei in einer Reihe? Das Spiel ist unentschieden.

s magst du? ☺ s magst du nicht? ☹	Wie waren deine Ferien? – Wetter – Leute – Essen	Du bekommst eine Einladung zu einer Geburtstagsparty. Du kannst leider nicht kommen. Ruf an.
s trägst du gerade?	Nenne drei Tageszeiten. Am …	Sag die Preise: 14,50 € 8,25 € 6,99 €
e heißen die vier reszeiten?	Welche Körperteile haben wir zweimal? Nenne vier Beispiele.	Was kannst du? Was kannst du nicht? Nenne zwei Beispiele.
s braucht man für einen stsalat? Nenne vier Dinge.	Wie heißen die Farben?	Nenne drei Berufe.
che Sprachen spricht man … Deutschland? ustralien? er Türkei? ussland? rankreich?	Wie heißt der Plural? das Buch – der Computer – der Apfel – das Handy – die Lehrerin	Was tut weh?
le vier Fragen. nst …? t …? gst …? nst …?	 BARBARA GÜNTHER Nenne fünf Verwandte.	Wie ist eure Schule? Sag drei Sätze.

2 Feste und Feiern in D-A-CH

a Seht die Fotos an. Welche Feste kennt ihr schon?

Foto 2 kenne ich. Das ist …

Weihnachten • Nationalfeiertag • Karneval/Fasching • Ostern • Silvester • Geburtstag

b Kennt ihr noch andere Feste aus Deutschland, Österreich oder der Schweiz?

c Lest die Texte und hört die drei Gespräche.
Was passt zu welchem Fest? B

2.32

A

Frohe Ostern!

B

Lieber Anton,
wir sind mit der Klasse in Köln. Es ist
super hier. Alle haben frei und feiern
auf der Straße. Die Menschen haben tolle
Kostüme an (Clown, Indianer, Hund,
Lehrer ☺ ...). Alle singen lustige Lieder.
Es ist echt cool hier.
Aber auch total kalt. Deshalb sitze ich
jetzt im Café, trinke einen Kakao und
schreibe an Dich.
Später mehr. Ich habe Fotos, die sind
echt lustig!!!
Bis bald, Deine Charlotte

Anton

Sonnen

76354

C

Pixil805:	Gut drauf …?
CJ1994:	Klar, morgen ist ein super Tag.
Pixil805:	???
CJ1994:	Rate mal: Party, Geschenke, Kuchen …
Pixil805:	Und Familie!
CJ1994:	Ja, genau. Du kapierst schnell.
Pixil805:	Ich feier lieber meinen Namenstag.
CJ1994:	Wann?
Pixil805:	Am 19. 01.
CJ1994:	… Dann heißt du Mario, Pia oder Martha!
Pixil805:	Genau!

D

Frohes Fest!

E   ● ● ○   Bin nicht da!

Hey Karo,
ich will dir nur Bescheid sagen, ich bin morgen nicht online.
Wir haben morgen frei – SUPER!!!
Am 1. August ist unser Bundestag, also der Nationalfeiertag.
Da gibt es viele Feste und Feiern. Und überall die Schweizer Fahnen.
Ich fahre aufs Land zu meinem Opa. Er macht Musik.
Er kann Alphorn spielen. Alphörner sind ganz typisch in der Schweiz
und Alphorn spielen ist echt schwer. Aber mein Opa kann das und
die ganze Familie kommt zu Besuch.
Am Sonntag bin ich wieder da.
Bis dann
Flori
P.S.: Habt ihr auch einen Nationalfeiertag?
Habt ihr dann auch frei?

F

Prost Neujahr!!!

d Welche Feste gibt es in eurem Land, in eurer Region?
Beschreibt die Feste und macht Plakate mit Texten, Bildern usw.

Wer feiert?   Haben die Menschen frei?
Wann ist das Fest?   Gibt es Geschenke, Lieder …?

3 Die Kurs-Abschlussparty

a Arbeitet in Gruppen. Wählt ein Spiel aus A–F und macht die Aufgaben.

1. Lest den Text zu eurem Spiel. Welches Bild passt?
2. Überlegt: Was braucht ihr für das Spiel? Macht eine Liste.
3. Erklärt das Spiel in der Gruppe. Erklärt es dann in der Klasse.

A Luftballon-Tanz
Musik läuft und immer zwei tanzen zusammen. Sie haben einen Luftballon zwischen den Köpfen. Welches Paar kann den Luftballon am längsten ohne Hände halten?

B Montagsmaler
Ein Schüler / Eine Schülerin malt etwas auf ein Blatt Papier oder an die Tafel. Die anderen raten: Was ist das? Antwort richtig? → 1 Punkt und der Schüler / die Schülerin mit dem Punkt malt etwas anderes an die Tafel. Wer hat die meisten Punkte?

C Pantomime
Ein Schüler / Eine Schülerin spielt ein Wort vor (z. B. ein Hobby, ein Essen, ein Fest …). Er/Sie darf nicht sprechen. Die anderen raten: Was macht er/sie? Antwort richtig? → 1 Punkt und der Schüler / die Schülerin mit dem Punkt spielt ein anderes Wort vor. Wer hat die meisten Punkte?

D Ich packe meinen Koffer
Schüler/Schülerin 1 sagt z. B.: „Ich packe meinen Koffer und nehme ein Buch mit." Schüler/Schülerin 2 wiederholt und ergänzt: „Ich packe meinen Koffer und nehme ein Buch und ein Radio mit." Schüler/Schülerin 3 wiederholt alles und ergänzt ein Wort … Wer einen Fehler macht, ist raus.

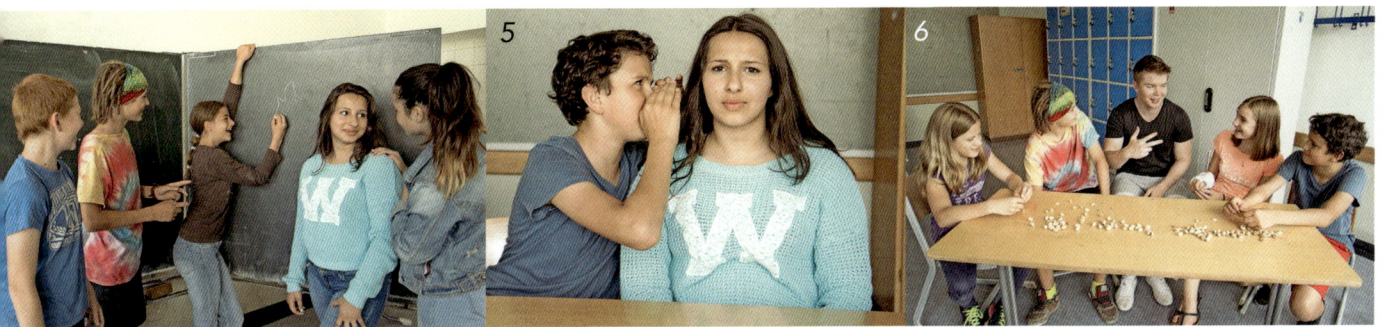

E Ich sehe was, was du nicht siehst
Ein Schüler / Eine Schülerin wählt ein Ding im Raum. Dann sagt er/sie z.B.: „Ich sehe was, was du nicht siehst, und das ist grün."
Was ist das Ding? Richtige Antwort? → 1 Punkt und der Schüler / die Schülerin mit dem Punkt macht weiter.
Wer hat die meisten Punkte?

F Stille Post
Alle Schüler sitzen im Kreis. Schüler/Schülerin 1 sagt einen Satz sehr leise in das Ohr von Schüler/Schülerin 2. Schüler/Schülerin 2 sagt es in das Ohr seines/ihres Nachbarn / seiner/ihrer Nachbarin …
Der/Die Letzte sagt den Satz laut.
Ist der Satz gleich wie am Anfang?

b Welche Spiele kennt ihr noch? Könnt ihr sie auf Deutsch erklären?

c Stimmt in der Klasse ab: Welche Spiele wollt ihr bei eurer Kurs-Abschlussparty spielen? Jeder hat zwei Stimmen. Probiert die besten Spiele aus.

> Luftballon-Tanz ⵜⵜ II
> Stille Post III

d Überlegt in der Klasse: Was braucht ihr noch für eure Party? Wer macht was?

Musik	Essen/Trinken	Dekoration
– DJ → Max	– Saft → …	– …
– Musikanlage → …		

e Sprecht ganz viel Deutsch auf eurer Party. Viel Spaß!

Grammatikübersicht

Es

Wetter	Es regnet. Es ist kalt/warm/schön/heiß.
es gibt	Es gibt viele junge Leute hier. Es gibt viele Discos.
☺–☹	Wie geht es dir? – Es geht mir gut. / Es geht mir schlecht.

Genitiv-s bei Eigennamen

das Buch von Paul   →   Pauls Buch
die Pizza von Nadja   →   Nadjas Pizza

Verben *sein* und *haben* im Präteritum

	sein	haben
ich	war	hatte
du	warst	hattest
er/es/sie	war	hatte
wir	waren	hatten
ihr	wart	hattet
sie	waren	hatten
Sie	waren	hatten

Personalpronomen im Akkusativ

Nominativ	Akkusativ	
ich	mich	Ruf **mich** bitte an.
du	dich	Ich besuche **dich**.
er	ihn	Ich verstehe **ihn** nicht.
es	es	Ich verstehe **es** nicht.
sie	sie	Ich verstehe **sie** nicht.
wir	uns	Ich koche das Essen für **uns**.
ihr	euch	Ich rufe **euch** an.
sie	sie	Ich sehe **sie**.
Sie	Sie	Ich verstehe **Sie** nicht.

Imperativ

	gehen	klingeln	raus‌gehen
du	Geh!	Klingel!	Geh raus!
ihr	Geht!	Klingelt!	Geht aus!

Präpositionen

	Wohin?	Wo?
	Ich fahre ... **nach** Spanien/Madrid/Asien. **in die** Schweiz.	Ich wohne ... **in** Spanien/Madrid/Asien. **in der** Schweiz.
	Ich fahre ... **zu** meinem Opa / meiner Oma / meinen Eltern. *zu* + Dativ	Ich wohne ... **bei** meinem Opa / meiner Oma / meinen Eltern. *bei* + Dativ
	Ich fahre ... **an** den Bodensee. **ans** Meer. **an** die Nordsee. *an* + Akkusativ	Ich bin ... **am** Bodensee. **am** Meer. **an** der Nordsee. *an* + Dativ
	Ich fahre ... **in** den Park. **ins** Eiscafé. **in** die Schule. **in** die Berge. *in* + Akkusativ	Ich bin ... **im** Flur/Park. **im** Bad/Internat. **in** der Küche. *in* + Dativ
	Ich fahre ... **zum** See. **zum** Schwimmbad. **zur** Schule. *zu* + Dativ	
		Ich bin ... **auf** der Bank/Weide. *auf* + Dativ

ins = in + das
zum = zu + dem
zur = zu + der
am = an + dem

Tipps für die Prüfung

1 Prüfungsteil Hören: Nachrichten

a Lest die Aufgabe aus der Prüfung und beantwortet die Fragen.

> Du hörst **drei** Nachrichten am Telefon.
> Zu jeder Nachricht gibt es Aufgaben.
>
> Kreuze an: a, b oder c.
>
> Du hörst jede Nachricht **zweimal**.

– Wie viele Nachrichten hört ihr in der Prüfung?
– Was gibt es zu jeder Nachricht?
– Was sollt ihr machen?
– Wie oft hört ihr jede Nachricht?

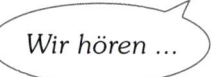

Wir hören ...

2.33

b Lest die Aufgaben 1 und 2. Hört dann die Nachricht und lest mit.

1 Laura muss
a ein Buch lesen.
b einkaufen.
c Hausaufgaben machen.

2 Danach will sie
a in den Super-markt gehen.
b ins Kino gehen.
c nach Hause gehen.

Hallo, hier ist Laura. Wollen wir später ins Kino? Ich war gerade einkaufen und jetzt muss ich zuerst Hausaufgaben machen. Aber danach habe ich Zeit. Ruf mich mal an. Tschüs.

c Welche Antworten sind richtig?
Schreibt die Antworten zu Aufgabe 1 und 2 ins Heft.

1: Laura muss ...	
2:	

d Hört die Nachricht noch einmal. Kontrolliert eure Antworten.

2 Prüfungsteil Sprechen: Bitten, Aufforderungen und Fragen formulieren und darauf antworten oder reagieren

a Welche Antwort passt zu welcher Frage? Schreibt ins Heft.

1. Ist das dein CD-Player?
2. Hast du einen Computer?
3. Magst du Pizza?
4. Kannst du Gitarre spielen?
5. Sind das deine Bücher?

A Nein, ich habe keinen Computer.
　Aber mein Bruder hat einen Computer.
B Ja, das sind meine Bücher.
C Nein, ich kann nicht Gitarre spielen.
　Aber ich kann gut singen.
D Klar, ich liebe Pizza.
E Nein, das ist Ronjas CD-Player.

1 E

b Wie viele Aufforderungen und Fragen findet ihr? Macht eine Tabelle an der Tafel und ergänzt weitere Beispiele.

!	?
Zieh die Jacke an!	...

1. Ist der Stuhl frei
2. Zieh die Jacke an
3. Wo ist meine CD
4. Schau mal, das Foto

5. Ist das dein Hund
6. Gib mir die Banane
7. Mach die Musik leise

c Was könnt ihr auf die Aufforderungen und Fragen antworten?
Schreibt die Antworten an die Tafel.

Zieh die Jacke an!
– Ja, mach ich.
– Nein, ich habe keine Lust.

d Arbeitet zu zweit. Macht drei Kärtchen mit Ausrufezeichen (!) und drei Kärtchen mit Fragezeichen (?). Mischt die Karten und legt sie umgedreht auf den Tisch.
Jeder legt drei Sachen auf den Tisch.
Nehmt eine Sache in die Hand und zieht eine Karte. Formuliert eine Frage (?) oder eine Aufforderung (!). Der andere antwortet.

Regionen in Deutschland

3 An der Nordsee und in den Alpen

Film Seht die Fotos an. Was denkt ihr? Welches Foto ist aus den Alpen, welches von der Nordsee?

> Ich denke,
> A ist aus …

A

C

E

D

F

B

G

4 Zwei E-Mails

a Was schreiben Kilian und Nele? Lest die E-Mails und sortiert sie.

A Servus Nele,
oder vielleicht besser „Hallo"? Hier in Bayern sagen wir „Servus" – für „Hallo" und für „Tschüs" – das ist praktisch, oder?

B Im Sommer und im Herbst bin ich auch viel draußen: Ich wandere und klettere am Wochenende manchmal. In den Bergen kann man das ganze Jahr viel draußen machen. Wir haben zum Glück oft schönes Wetter! Wie ist das bei dir?

C Schreib mir bald!
Servus und viele Grüße

Kilian

PS: Möchtest du noch etwas Bayerisch lernen? Wir sagen „i" (ich), „ned" (nicht) und „a" (auch) – lustig, oder?

D Wie geht es dir? Hier bei mir ist es kalt und wir haben hier in Reit im Winkl ganz viel Schnee – ich liebe Schnee, dann kann ich Ski fahren. In den Ferien fahre ich fast jeden Tag Ski.

E Danach habe ich immer einen Riesenhunger! Und weißt du, was ich dann total gern esse? „Kaiserschmarrn"! Das ist wie ein Pfannkuchen, süß und lecker. Kaiserschmarrn esse ich eigentlich immer gern – im Winter, Frühling, Sommer und Herbst.

a Mir geht es gut, aber wir haben hier im Moment keinen Schnee. Auf Föhr schneit es nicht oft. Es ist im Winter nicht sehr kalt und im Sommer nicht so heiß. Aber Wind haben wir immer. ☺

b Im Winter sind wir viel zu Hause oder besuchen Freunde. Dann trinken wir viel Tee – leider ohne Kaiserschmarrn. Meine Oma kann eine richtig gute Krabbensuppe machen – mit Krabben aus der Nordsee! Die musst du mal essen – sie ist wirklich lecker.

c Moin, moin, Kilian, danke für deine Mail. Bayerisch ist wirklich lustig! Wir hier in Norddeutschland haben auch viele schöne Wörter. Mir gefällt zum Beispiel „lütt" (klein) oder „mien" (mein). Und „moin" sagen wir für „hallo", aber „tschüs" ist „tschüs" ;-)

d Komm doch mal nach Föhr! Viele Grüße und tschüs Nele

e Das ist prima zum Surfen. Seit zwei Jahren mache ich das jetzt, aber nur im Sommer. Kannst du surfen? Ich schwimme auch gern – das geht hier von Juni bis September. Es ist manchmal kalt, aber das macht nichts.

E-Mail Kilian: A, …
E-Mail Nele: …

b Was ist typisch für die zwei Regionen? Lest noch einmal und ergänzt die Tabelle.

	Essen	Wörter	Freizeit Sommer	Freizeit Winter
Alpen				
Nordsee				

c Arbeitet zu viert und wählt eine Region in eurem Land. Jeder sucht Informationen und Fotos zu einem Thema. Präsentiert dann in der Klasse.

Quellenverzeichnis

S. 9 Glas: fotoimedia – imago stock;
Kuchen: CTK/CandyBox – imago stock;
Bus: Stefan Zeitz – imago stock;
Bleistift, Schuhe: fotoimedia – imago stock;
Brille: Schöning – imago stock;
Radiergummi: Steinach – imago stock;
Buch: fotoimedia – imago stock;
Hund und Bruder/Schwester, Katze,
Mann: Westend61 – imago stock;
Blumenstrauß: Werner Otto – imago stock;
Eis: STL – imago stock;
Fahrrad: Mediagram – Shutterstock.com;
Ärztin: Science Photo Library – imago stock;
Motorrad: imagebroker – imago stock;

S. 10 Mitte: All Canada Photos – imago stock
unten: shutterstock.com

S. 12 alle Fotos: Dieter Mayr

S. 14 Lied links: Musik: Frank Daniel, nach M. J. Hill;
Text: egon l. frauenberger. Mit freundlicher Genehmigung:
edition effel-music, frauenberger, münchen

S. 16 Zeitungshintergrund: Robyn Mackenzie –
shutterstock.com

S. 18 1, 6 Helen Schmitz, 2 Raimund Müller – imago stock,
3 imageborker – imago stock, 4 Sämmer – imago stock,
5 Digitalpress – Fotolia.com

S. 19 Sabine Wenkums

S. 21 Fotos: Sabine Wenkums

S. 26 li.: Westend61 – imago stock;
Mitte: imagebroker – imago stock;
re.: McPHOTO – imago stock

S. 27 oben: Dieter Mayr; unten li.: Kues – shutterstock.com;
unten Mitte: Alexander Raths – shutterstock.com;
unten Re.: BONNINSTUDIO – shutterstock.com

S. 32 Fotos: Westend61 – imago stock

S. 34/35 Stefanie Dengler

S. 36 oben re.: Helen Schmitz; 1 Sarah Fleer, 2 Theo
Scherling, 3 Volker Schmitz, 4 Junkii – shutterstock.com

S. 37 Strand: Anton Gvozdikov – shutterstock.com,
Party: Alex Emanuel Koch – shutterstock.com,
Rafting: VILevi – shutterstock.com

S. 39 A Volker Schmitz, B Helen Schmitz,
C Junkii – shutterstock.com

S. 40 alle Fotos: Theo Scherling

S. 44 alle Fotos: Dieter Mayr

S. 45 Äpfel, Kuscheltier, Eis: imagebroker – imago stock,
Bananen: Schöning – imago stock,
Tabletten: View Stock – imago stock,
Comicheft: teutopress – imago stock,
Buch li.: Mentor Verlag, Buch re.: Sabine Wenkums,
Blumenstrauß: Niehoff – imago stock, Würfelspiel, Saft,
Schokolade: Westend61 – imago stock,
CDs: STILLFX – shutterstock.com;
unten: alle Fotos Dieter Mayr

S. 47 alle Fotos: Dieter Mayr

S. 48 alle Fotos: Bettina Lindenberg

S. 49 Skizze Traumwohnung: Cordula Schurig

S. 52 oben: Jupiterimages – Thinkstock,
unten: Kolobrod – shutterstock.com

S. 55 Helen Schmitz

S. 56 1 Geisser – imago stock,
2 imagebroker/begsteiger – imago stock,
3 Heinz Waldukat – Fotolia.com, 4, STPP – imago stock,
5 Westend61 – imago stock, 6 Kzenon – shutterstock.com

S. 58/59 alle Fotos: Meike Birck

S. 62 Javier Fontanella – iStockphoto

S. 64 A, C Westend61 – imago stock,
B Ars Ulrikusch – Fotolia.com,
D Florian Alff, E Dirk Vonten – Fotolia.com,
F Jacek Chabraszewski – shutterstock.com,
G Pistryy Valeriy – shutterstock.com

Zu diesem Buch gibt es Audios, die mit der Klett-Augmented-App geladen und abgespielt werden können.

 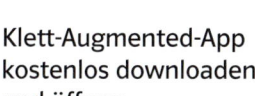

Klett-Augmented-App kostenlos downloaden und öffnen

Bilderkennung starten und **Seiten mit Audios** scannen

Audios laden, direkt nutzen oder speichern

 Scannen Sie diese Seite für weitere Komponenten zu diesem Titel.